地方政协工作
高质量发展机制建设
专项研究

DIFANG ZHENGXIE GONGZUO
GAOZHILIANG FAZHAN JIZHI JIANSHE
ZHUANXIANG YANJIU

政协甘肃省委员会　编

敦煌文艺出版社

图书在版编目（ＣＩＰ）数据

地方政协工作高质量发展机制建设专项研究 / 政协甘肃省委员会编 . -- 兰州：敦煌文艺出版社，2023.12
ISBN 978-7-5468-2518-2

Ⅰ.①地… Ⅱ.①政… Ⅲ.①中国人民政治协商会议－地方委员会－工作－研究－甘肃 Ⅳ.① D628.42

中国国家版本馆 CIP 数据核字 (2023) 第 255578 号

地方政协工作高质量发展机制建设专项研究
政协甘肃省委员会　编
责任编辑：左文绚
封面设计：马吉庆
敦煌文艺出版社出版、发行
地址：(730030) 兰州市城关区读者大道 568 号
邮箱：dunhuangwenyi1958@163.com
0931-2131396（编辑部）
0931-8773112（发行部）

兰州银声印务有限公司印刷
开本　787 毫米 ×1092 毫米　1/16　印张　14.75　字数　150 千
2024 年 1 月第 1 版　2024 年 1 月第 1 次印刷
印数　1 ~ 3000 册

ISBN　978-7-5468-2518-2
定价：62.00 元

如发现印装质量问题，影响阅读，请与印刷厂联系调换。
本书所有内容经作者同意授权，并许可使用。
未经同意，不得以任何形式复制转载。

政协甘肃省第十三届委员会
文史资料编纂工作指导委员会

主　任

庄国泰

副主任

何　伟　马文云　王　锐　郭承录　尚勋武

贠建民　郭天康　霍卫平　刘仲奎　王建太

成　员

王俊民　杨维军　赵一红　杜尊贤　马相忠　张效林

王奋彦　王　军　郭玉芬　张文学　崔景瑜　李旺泽

编委会

主任
庄国泰

副主任
王 锐

委员
张效林 高新才 张新平 李兴文 王立泰
郭清祥 高永平 李隆基 尹宝山 刘 永
沈兴国 刘志帅 杨瑗芳 单俊阳

编写组
曹玉玺 冯之东 尚克臻 魏继强 张世福
赵丰玲 张 帆 樊文亮 万咏刚 张 拓

协同研究单位
兰州市政协 金昌市政协 白银市政协
庆阳市政协 定西市政协 陇南市政协
临夏州政协 民乐县政协 古浪县政协

序　言

　　高质量发展是全面建设社会主义现代化国家的首要任务。政协作为专门协商机构、作为国家治理体系和治理能力的重要组成部分，要助力高质量发展，必然要求政协工作首先要高质量发展。

　　为此，十三届甘肃省政协党组在本届政协开局伊始，认真学习贯彻党的二十大报告"发挥人民政协作为专门协商机构作用，加强制度化、规范化、程序化等功能建设"的部署要求，将"地方政协工作高质量发展机制建设"作为重点课题，部署开展专项研究，目的是从机制层面探索加强和改进新时代地方政协事业更好履行职能、更好服务发展的新机制新方式，奋力开创中国之治地方政协履职实践新局面。

　　专项研究紧密结合学习贯彻习近平新时代中国特色社会主义思想主题教育，认真学习贯彻习近平新时代中国特色社会主义思想特别是蕴含其中的世界观和方法论，认真贯彻落实习近平总书记关于加强和改进人民政协工作的重要思想及中央政协工作会议、省委政协工作会议精神，紧紧把握正确政治方向，坚持系统思维和开放思维，坚持问题导向、目标导向、结果导向、应用导向相统一，汇聚各界智慧，力求理论实践统一，实事求是，守正创新。从2023年2月开始，历时近十个月，最终形成1个总报告、6个分报告、18个子报告近12万字的《地方政协工作高质量发展机制建设专项研究》并付梓出版。总报告中提出的6个方面的18个工作机制建议，既强调思想理论武装、又聚焦具体履职实践，既强化省域内联动、又注重跨省际协作，既重视方式方法创新、又突出履职能力建设，既升华传统做法，又借鉴先进经验，具有较强的针对性、前瞻性、可操作性。

在此，我代表甘肃省政协，向所有参与专项研究的同志，向给予专项研究大力支持帮助的各位领导同志、各位专家学者和各市州、县市区政协以及各界朋友表示衷心的感谢！

返顾人民政协成立74年来的光辉历程特别是党的十八大以来取得的历史性成就，让我们更加坚定了中国新型政党制度自信。站在"两个一百年"奋斗目标历史交汇点上，展望党的二十大擘画的以中国式现代化全面推进中华民族伟大复兴的美好未来，我们深知责任之重，必须要用实干回答好地方政协工作如何高质量发展这一时代之问、现实之问。

全省各级地方政协组织和广大政协委员要以这一专项研究成果的落实为新的契机，坚持以习近平新时代中国特色社会主义思想为指引，认真学习贯彻习近平总书记关于加强和改进人民政协工作的重要思想、习近平总书记对甘肃重要讲话重要指示批示精神,抢抓共建"一带一路"最大机遇,围绕助力高质量发展,按照省第十四次党代会关于构建"一核三带"区域发展格局、实施"四强行动"等部署要求,立足甘肃资源禀赋,着眼全面发展协商民主,坚持党的领导、统一战线、协商民主有机结合,坚持发扬民主和增进团结相互贯通、建言资政和凝聚共识双向发力,围绕中心、服务大局,履职尽责、积极作为,为奋力谱写中国式现代化甘肃实践崭新篇章凝心聚智、助力添彩,作出新的更大的贡献!

2023 年 12 月

目　录

001 ｜ 地方政协工作高质量发展机制建设专项研究

第一章　加强党对政协工作全面领导机制研究

023 ｜ 第一节　建强重要阵地　以高质量党建推动地方政协履职机制研究

029 ｜ 第二节　用好重要平台　用党的创新理论团结教育引导各族各界代表人士机制研究

035 ｜ 第三节　畅通重要渠道　筑牢共同思想政治基础助推幸福美好新甘肃建设机制研究

第二章　坚持人民政协性质定位加强专门协商机构建设机制研究

048 ｜ 第一节　地方政协推进协商民主广泛多层制度化发展机制研究

055 ｜ 第二节　推进政协协商向基层延伸机制研究

063 ｜ 第三节　地方政协开展"三抓三促"行动常态化机制研究

叁 第三章　围绕党委政府重要决策部署和人民群众重要关切开展协商式监督机制研究

肆 第四章　地方政协彰显新型政党制度优势实践路径研究

103 ｜ 第一节　更好发挥党派团体在政协中的作用实践路径研究

113 ｜ 第二节　地方政协提高提案质量、创新提案办理机制专项研究

121 ｜ 第三节　关于加强和改进地方政协调查研究工作机制研究

128 ｜ 第四节　地方政协履职成果转化运用机制研究

138 ｜ 第五节　地方政协社情民意信息收集整理反馈机制研究

伍 第五章　坚持大团结大联合广泛凝聚人心和力量机制研究

156 ｜ 第一节　地方政协凝聚共识实践路径研究

165 ｜ 第二节　地方政协委员联系界别群众机制研究

第六章　以改革创新精神全方位提升新时代地方政协履职能力机制研究

185 ｜ 第一节　地方政协发挥委员主体作用实践路径研究
193 ｜ 第二节　地方政协发挥专门委员会基础性作用机制研究
198 ｜ 第三节　地方政协发挥界别作用机制研究
206 ｜ 第四节　破解"两个薄弱"问题努力提高政协组织和政协干部履职能力
214 ｜ 第五节　建立健全省、市州、县市区三级政协组织协同联动助推全省经济社会高质量发展机制研究

220 ｜ 后　记

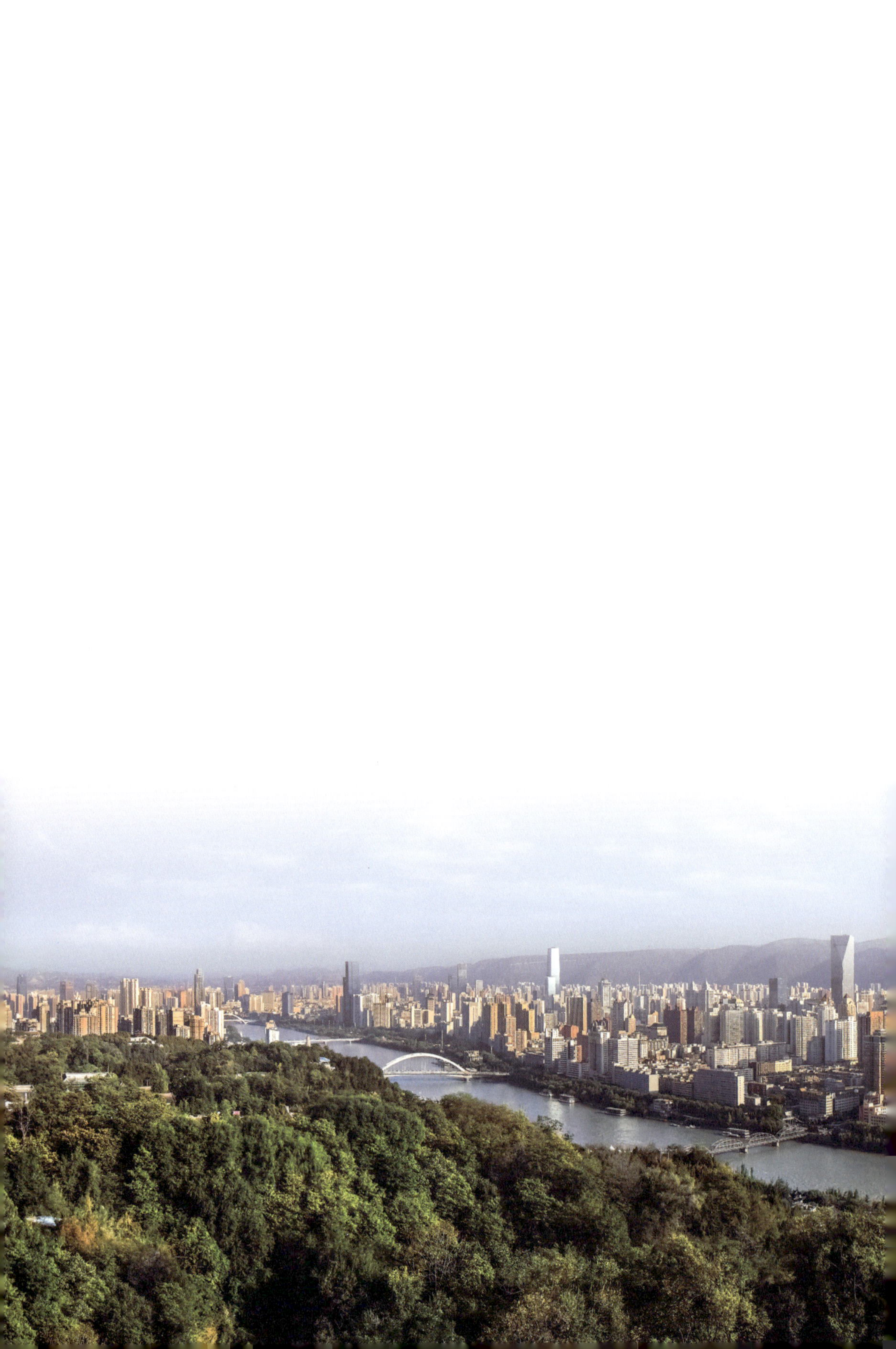

地方政协工作高质量发展机制建设专项研究

为深入学习贯彻习近平总书记关于加强和改进人民政协工作的重要思想，认真落实党的二十大关于"发挥人民政协作为专门协商机构作用，加强制度化、规范化、程序化等功能建设"的重要部署，进一步健全完善地方政协工作高质量发展机制，凝聚建设社会主义现代化幸福美好新甘肃的磅礴力量，以政协工作高质量发展助力全省经济社会高质量发展，根据甘肃省政协党组2023年重点工作安排和省政协党组书记、主席庄国泰同志的具体要求，由省政协党组成员、

副主席王锐同志牵头，省政协文化文史资料和学习委员会具体负责，邀请有关方面专家学者和市县政协领导组成专项研究课题组，从2023年2月开始，先后赴河南、安徽、上海、内蒙古等地和省内部分市县开展学习调研，同步对6项分课题和18项子课题及时进行研究讨论。初步成果形成后，又进行了反复多轮的上下磋商。在此基础上数易其稿，形成了"地方政协工作高质量发展机制建设"专项研究报告。

一、积极探索新时代地方政协工作高质量发展机制建设

十三届省政协坚持把习近平新时代中国特色社会主义思想作为统揽政协工作的总纲，以党的二十大精神和习近平总书记对甘肃重要讲话重要指示批示精神为指引，自觉做"两个确立"的坚决拥护者、"两个维护"的坚定践行者。坚持党对政协工作的全面领导，深刻把握中国式现代化的本质要求和特点，锚定省委构建"一核三带"区域发展格局、全面建设社会主义现代化幸福美好新甘肃的奋斗目标，聚焦中国式现代化甘肃实践，发挥政协人才荟萃、智力密集、联系广泛的优势，以更具针对性、更高水平的履职机制和工作措施助力全省经济社会高质量发展，积极探索建立与新时代新方位相适应的政协助力经济社会高质量发展工作机制，制定印发了《政协甘肃省委员会关于建立助力经济社会高质量发展工作机制的意见》，建立助力发展的"三项机制"（经济高质量发展重要问题咨政建言机制、招商引资牵线搭桥工作机制、

招商引资民主监督机制），注重在履职实践中探索发挥政协优势作用的制度机制。同时，为进一步健全完善全省政协工作高质量发展运行机制，决定开展地方政协工作高质量发展机制建设专项课题研究。省政协主席庄国泰对课题研究高度重视，亲自安排部署，并提出了"各研究方向要注意把握高质量的方向和可能的目标设定"的明确要求。按照省政协党组的部署，在课题组组长、省政协副主席王锐带领下，课题组主要做了以下工作。一是扎实准备，专门成立了专项研究领导小组，制定了工作方案和研究大纲，明确了研究方向及任务分工、时限要求。二是多方联动，省政协相关工作机构和兰州市等7个市州以及民乐、古浪等县级政协协同开展各项分课题和子课题研究，千余名政协工作者和政协委员积极参与其中，特邀兰州大学等高校和科研院所的3名专家全程参与。同时，积极与省委宣传部沟通，争取将专项研究课题列入全省重点社科项目。三是学习借鉴，先后赴东、中、西部4个兄弟省区市政协学习考察。省内调研基本做到了全覆盖。整理汇编参考文献资料近100万字，印发全体课题参与人员学习。四是适时推进，先后12次召开领导小组会议、专题座谈会、研究推进会、审稿工作会议等，及时分析研究解决相关问题，确保课题研究顺利推进。五是严把质量，对研究报告下大力气精雕细琢，严把政治关、文字关、内容关、逻辑关、结构关，充分体现课题研究的全面性、系统性、现实性、针对性和可操作性。

二、影响和制约地方政协工作高质量发展的困难和问题

在中共甘肃省委的坚强领导下，十三届省政协在传承历届政协宝贵经验的基础上，立足新时代新方位新使命，着力在健全完善制

度机制方面进行了积极探索，取得了阶段性成效。但对标对表高质量发展要求，地方政协在工作、机制运行过程中还存在一些薄弱环节和突出问题，主要表现在：

（一）关于党对政协工作全面领导方面

一是在强化思想政治引领，用习近平新时代中国特色社会主义思想武装全体委员特别是党外委员的经常性学习制度体系还不够完善。二是理论联系实际不够紧密，理论学习与视察考察、专题调研等履职实践结合存在"两张皮"现象，对党委重点工作安排部署学习研究不深不透。三是在党的建设方面，还存在思想认识不到位、政协特点不突出、党员委员作用发挥不充分等问题。

（二）关于发挥专门协商机构作用方面

一是协商内容与党委政府重点工作的有效衔接还不够紧密，深度协商互动还需要进一步加强。二是协商形式还不够灵活经常，远程协商等新形式运用不够充分。省际政协之间、省内三级政协之间协商联动机制不健全。三是协商质量有待进一步提升，全过程质量评价体系不完善，协商成果转化还不够有力。

（三）关于协商式监督方面

一是知情明政机制不够完善，委员对党委政府重大决策部署和落实情况了解掌握不够。二是在民主监督议题的确定上，党政部门与政协沟通衔接还不够紧密。三是政协委员的权利需要进一步尊重和保障，党派团体的监督作用还需要进一步发挥。

（四）关于参政议政方面

一是调查研究选题存在多而泛，方式单一固化；委员参与面不广、参与度不深；报告质量有待提高等问题。二是提案质量整体不够高，提案办理还不够规范，督办机制还不够完善。三是社情民意信息收集渠道较窄，信息化水平不高，反映基层民情民意的高质量信息较少，激励约束机制不完善。

（五）关于凝聚共识方面

一是联系民主党派还不够经常，缺乏制度性安排，沟通交流不够深入。二是在广泛联系和动员各界别群众，发挥政协优势，在协调关系、理顺情绪、化解矛盾上还需要进一步加强。三是在用文化的力量凝聚共识上，方法手段、运行机制还需要不断探索创新。

（六）关于自身建设方面

一是政协委员的履职能力和水平需要进一步提升。二是专委会基础性作用发挥不够，专委会同党政对口部门的协调联系不经常、不紧密。三是地方政协机关普遍存在基础工作薄弱、人员力量薄弱"两个薄弱"问题，"一委一人"、干部交流缓慢等问题相对突出。四是省市县三级政协上下联系指导不够常态长效，纵向横向联动机制不完善，缺乏有效平台载体。

三、对策建议

地方政协工作高质量发展机制建设，是事关政协工作高质量发展的重大理论问题和实践问题，需要在今后工作中认真研究，不断健全完善，使政协工作更好体现时代性、把握规律性、富于创造性。

（一）坚持党对政协工作的全面领导，用习近平新时代中国特色社会主义思想武装头脑、指导实践、推动工作，切实提升党建引领水平，深刻领悟"两个确立"的决定性意义，增强"四个意识"、坚定"四个自信"、做到"两个维护"，充分发挥人民政协"重要阵地、重要平台、重要渠道"作用

1.建立用习近平新时代中国特色社会主义思想凝心铸魂制度。把习近平新时代中国特色社会主义思想作为统揽政协工作的总纲，巩固深化习近平新时代中国特色社会主义思想主题教育成果，在坚持已有学习制度的基础上，通过"政协理论大讲堂""书香政协""智慧政协"等途径，研究建立覆盖全体政协委员和政协工作者的学习制度体系。坚持和完善习近平新时代中国特色社会主义思想学习座谈会制度，根据需要吸收代表性强的党外委员参加，定期开展集体学习座谈。邀请专家学者进行专题宣讲，安排政协领导同志和委员中的专家学者在政协系统、界别群众中宣讲，扩大学习覆盖面，提升学习实效。通过以上制度安排，做到学思用贯通、知信行统一，不断增进对习近平新时代中国特色社会主义思想和党的创新理论的政治认同、思想认同、理论认同、情感认同，夯实各族各界团结奋斗的共同思想政治基础。

2.进一步完善学习贯彻落实党中央和省委重要决策部署制度。坚持理论联系实际，把理论学习与政协履职实践紧密结合，紧扣中央要求和地方党委决策部署开展学习宣传、交流研讨、履职实践，形成制度性安排。健全完善政协工作部门与党委、政府相关部门经常性联系对接机制，加强沟通交

流，提升履职实效。

3. 建立以高质量党建引领政协高水平履职"双提升"机制。认真贯彻落实中央和省委关于加强新时代人民政协党的建设工作的《意见》，以政治建设为统领推进政协党的各项建设，进一步建强政协党组织体系。落实"两个全覆盖"要求，研究建立"党建+履职"双提升工作制度，开展"联建共建"，做到党有号召政协有行动、党有要求政协抓落实，倾力服务全省经济社会高质量发展。

（二）大力发展全过程人民民主，推进协商民主广泛多层制度化发展，加强深度协商互动，完善质量评价机制，丰富拓展协商形式，充分发挥人民政协专门协商机构职能作用

1. 建立围绕党委政府决策部署贯彻落实深度协商互动机制。围绕习近平总书记对甘肃重要讲话重要指示批示精神的贯彻落实情况，规范协商纳入党政议事决策机制，构建党委统一领导、政府大力支持、政协精心筹办、群众深度参与的协商格局，使"政协需要党政参与协商"真正转变为"党政需要政协组织协商"。完善协商议题形成机制，以党委、政府、政协制定并实施年度协商计划为统领，健全完善科学有效的协商议题形成机制，在深入调研、认真分析的基础上，协商提出高层次、有针对性的协商议题。健全完善与党政部门良好的沟通机制，加强常态化联系，增进感情、交流思想，全面掌握信息，增强协商的针对性和专业性。

2. 进一步健全完善协商运行机制。坚持政协全体会议协商、专题议政性常委会、专题协商会、月协商座谈会、对口协商、界别协商、提案办理协商等制度，不断拓展协商形式，积极探索网络议政、远程协商等新形式。加快制定沿黄九省区政协黄河流域生态保护和高质量发展协商机制运行办法，建立省内沿黄河流域市县政协黄河流域生态保护和高质量发展协商联动机制，在推动国家战略落实中贡献甘肃政协力量。

3.进一步健全完善协商议政质量全过程评价机制。探索建立协商议政质量全过程评价指标体系，从议题选择、组织实施、办理落实、转化运用、跟踪反馈、考评奖惩、成果公开等各环节、各方面进行科学评估，完善掌握方针政策、深入调查研究、营造良好氛围、充分协商讨论等运行办法，构建政协协商议政高质量运行的闭环制度。

（三）把准工作定位，不断提高人民政协协商式监督制度化、规范化、程序化水平，健全完善知情明政、有效衔接、民主党派作用发挥等制度，确保人民政协民主监督"说得对、听得进、推得动"

1.完善党委政府重大决策部署及落实情况知情明政机制。围绕监督议题，组织委员认真学习党和国家重大决策部署及省委省政府安排部署，把握形势、掌握政策、了解情况。根据监督工作安排，定期通报党委和政府有关工作情况，提前将有关材料送达政协委员。建立工作信息横向和纵向交流机制，推进相关信息公开。

2.完善与党委政府工作有效衔接机制。坚持协商式监督的定位，在同级党委领导下，围绕党和国家重大决策部署在基层的贯彻情况、当地经济社会发展规划的落实情况、群众关注问题的解决情况，确定民主监督性议题，按程序批准后组织实施，协助党委政府解决问题、推动工作、化解矛盾、凝聚人心。不断完善民主监督协商交流、办理反馈、权益保障等机制，进一步健全政协和党委组织、统战、巡视等部门日常沟通机制，及时反馈委员意见建议。

3.健全完善政协委员权益保障机制。尊重和保障政协委员参加民主监督工作中的知情权、参与权、表达权、监督权，维护政协委员对国家机关及其工作人员的工作提出意见、批评、建议的权利。完善支持党派团体开展民主监督在人员、时间、经费等方面的保障制度，确保更好发挥作用。完善发挥党派团体优势和作用机制，因地制宜探索民主监督新形式，提高地方政协民主监督的组织化、规范化、科学化水平。

（四）提高参政议政实效，把牢"国之大者"、扣准"省之要者"、贴紧"民之盼者"，深入开展调查研究，充分反映社情民意，切实提高提案质量，为加快建设幸福美好新甘肃建诤言、献良策、出实招、鼓实劲

1.建立聚焦党委政府中心工作做深做实调查研究机制。按照党政所需、政协所能、群众所盼，坚持少而精、重实效的原则，健全完善科学精准选题、务实高效调查、集合众智研究、成果及时报送机制，切实给党委政府提出有重要参考价值的意见建议，以高水平建言资政助推经济社会高质量发展。

2.健全完善社情民意信息全方位收集、多元化反映、便捷化报送机制。进一步巩固拓展政协协商向基层延伸成效，依托"政协委员工作站""协商议事室""委员联络工作室"，全方位、多渠道收集社情民意信息。完善激励约束机制，调动政协委员、政协参加单位、专门委员会、信息员和特邀信息员的积极性主动性。加快建设覆盖

省市县三级政协的社情民意信息应用平台,提高反映社情民意信息工作的时效性。

3.完善提案质量提升机制,建立重点提案、集体提案策划培育机制。突出质量导向,在继续做好已有的提案提出、审查立案、交办、办理、督办、答复、评议等制度办法的基础上,聚合全省政协系统力量,建立重点提案、集体提案策划、培育、征集等机制,着力打造向全国政协报送的高质量提案(市县政协联合策划、征集向省政协报送的高质量提案),助推相关工作更多进入国家战略或区域发展规划。

4.建立甘、陕、宁、青、新、川、蒙七省区政协助推"一带一路"和"西部陆海新通道"高质量一体化发展参政议政机制。利用甘肃地缘优势,建立以联席会议、主席座谈会议等制度,助推共建"一带一路"政协智库联盟、参政议政协作机制。建立"一带一路"学习调研考察制度,寻找合作机遇,挖掘合作潜力,增进交流协作,助力经济社会高质量发展。

(五)把加强思想政治引领、广泛凝聚共识作为履职工作的中心环节,坚持大团结大联合,广泛联系服务各党派团体、各族各界人士、港澳台同胞,形成推进中国式现代化甘肃实践的强大合力,充分彰显新型政党制度优势

1.健全完善全方位支持民主党派发挥作用机制。建立地方政协联系各民主党派缅怀历史、追忆初心、凝心聚力、砥砺奋进机制,增进对伟大祖国的认同、对中华民族的认同、对中华文化的认同、对中国共产党的认同、对中国特色社会主义的认同。完善政协党组成员定期走访民主党派、定期座谈交流制度，进一步完善民主党派在政协开展经常性工作机制，完善中共党员委员同民主党派委员交流情况、沟通思想、增进共识机制，健全各党派参加人民政协工作共同性事务交流机制，完善各民主党派在政协履职尽责机制。

2.建立万名委员联系服务界别群众机制。结合政协协商向基层延伸，依托"政协委员工作站""协商议事室""委员联络工作室"等平台，完善委员走访界别群众制度，开展"千室千站万名委员"联系服务界别群众行动，拓宽联系渠道，引导委员做好宣传员、信息员、帮扶员、服务员。按照"双向发力"要求，畅通委员反映各族各界群众意见建议机制，创造更多机会让群众走进政协，与委员"零距离"互动交流，凝聚广大群众感党恩、听党话、跟党走的共识，同心同德建设幸福美好新甘肃。

3.建立政协文史资料工作专题化、系列化、品牌化机制。加强甘肃文化资源保护利用研究，建立由省政协统筹，科学编制文史资料征编规划，省市县一体推进文史资料征编工作机制，彰显甘肃文化文史资源禀赋和各市州、县市区特色，打造甘肃"记忆"文史品牌。建立长效机制，以敦煌文化为引领，政协搭建平台，举办文化论坛等系列活动；增进与港澳委员的联系交流。发挥政协文史资料存史资政、团结育人作用，用文化的力量凝聚共识，助力文化强省建设。

（六）充分发挥委员主体作用，提升履职能力水平，强化专委会基础性作用，推动解决市县政协"两个薄弱"问题，健全完善工作机制，形成三级政协联动履职工作格局，为全省政协工作高质量发展

奠定坚实基础

1.完善进一步发挥政协委员主体作用机制。不断拓展完善委员联系群众办法，进一步健全委员系统学习培训、座谈宣传制度，引导委员强化对政协性质、定位和自身权利、义务、责任的准确认识和把握。优化激励保障机制，为委员知"上情""国情"畅通渠道、明"下情""民情"提供机会。切实做实委员每年开展一次主题性宣讲、提一条合理化建议、形成一件高质量提案、反映一条有价值社情民意信息等"N个一"活动，并进行量化考核。建立健全委员激励机制，按规定发放委员履职补贴，激发广大委员履职的积极性和主动性。优化政协委员遴选产生和退出机制。

2.完善专门委员会工作提升机制。推进专委会工作制度化建设，使专委会工作有规可依、有章可循，全面提升工作质效。完善联系服务机制，对外处理好与党政对口部门、所联系界别、基层政协的关系，及时了解掌握党政中心任务和重大活动安排、重点工作部署、重要工作动态；对内处理好与常委会、主席会议及其他委办的关系，形成工作合力。创新协商、调研、视察等履职方式方法，打造有专委会特色的履职品牌。探索"专委会+界别委员+专家团队"运行模式，提高专委会工作水平。不断完善专委会与各民主党派、工商联联席会议制度，加强与基层政协的工作联动，推动地方政协工作提质增效。

3.健全破解市县政协"两个薄弱"问题推进落实机制。根据中办《关于加强和改进新时代市县政协工作的意见》精神，把"根据市县人口和经济规模、政协工作量等实际情况，配齐配强必要的工作力量，确保有人干事，确保有效履行职能"要求落到实处。借鉴外省市"行政短板事业补"等好的经验和做法，采取灵活有效的措施，有针对性地解决市县政协机关"两个薄弱"的问题。进一步完善政协机关干部培养、选拔、任用、交流机制，加强培养锻炼，优化年龄结构，加大政协干部到党政部门交流任职的力度。建立省市县三级政协干部双向挂职交流、跟班学习制度，完善"请进来""走出去"干部学习考察提升履职能力机制。

4.建立省市县政协上下贯通、协同联动履职，助推经济社会高质量发展机制。坚持全省政协工作"一盘棋"，紧紧围绕省委"四强"行动和"三抓三促"部署要求，健全三级政协联动履职机制，省市县三级政协同频共振、同向发力，制订计划前"沟通"，工作推进中"联通"，信息交流上"畅通"，成果运用上"互通"，联动调研视察，共同协商议政，以整体协同、优势互补、创新发展的履职合力助推省委省政府重要部署落地见效。完善全省政协信息系统共建共享工作机制，依托甘肃"智慧政协"网络平台，以新模式新技术赋能政协履职工作更加高效运行。健全省政协领导同志指导市县政协工作机制，完善下情上传和上情下达机制。健全省市县三级政协联系交流机制，定期不定期举办工作经验交流会、座谈会、理论研讨会，提高地方政协工作整体水平。

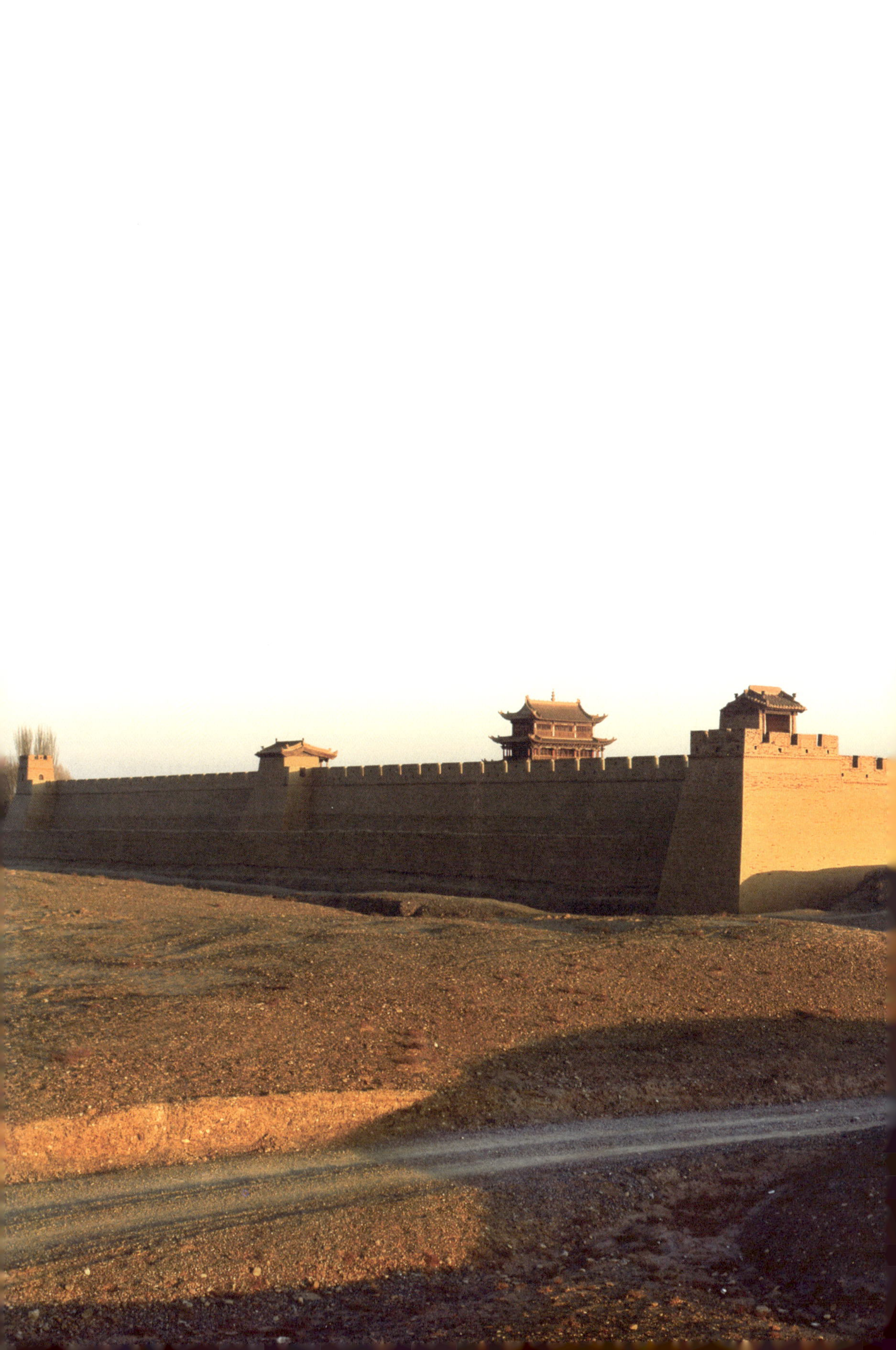

第一章

加强党对政协工作全面领导机制研究

中国共产党领导是中国特色社会主义最本质的特征，也是人民政协这一制度安排和政治组织最本质的特征。在政协各级组织和各项活动中，党是居于领导地位的，坚持中国共产党领导是人民政协必须恪守的根本政治原则。在新时代，为更好服务党和国家工作大局，根据新时代新征程我国发展的要求，必须加强党对人民政协工作的全面领导，切实落实党中央对人民政协工作的各项要求，更好发挥我国社会主义政治制度优势，为全面建成社会主义现代化强国、实现第二个百年奋斗目标贡献政协力量。

一、充分认识党对人民政协工作全面领导的重大意义

做好人民政协工作，必须坚持中国共产党的领导。习近平总书记在庆祝中国人民政治协商会议成立65周年大会上的讲话中明确指出："中国共产党的领导是包括各民主党派、各团体、各民族、各阶层、各界人士在内的全体中国人民的共同选择，是成立政协时的初心所在，是人民政协事业发展进步的根本保证。"党对人民政协工作的全面领导，经历了一个奠定基础、巩固完善和创新发展的过程。各级

政协要从人民政协70多年的发展历程中，深刻认识做好人民政协工作，必须坚持中国共产党的领导，确保人民政协事业沿着正确方向发展。

（一）在建立和建设新中国的实践中确定党的领导地位

中国共产党一经诞生，就把为中国人民谋幸福、为中华民族谋复兴确立为自己的初心使命。新民主主义革命时期，经过艰苦卓绝的革命斗争，在建立新中国的目标上，中国人民主张建立工人阶级领导的以工农联盟为基础的中华人民共和国。为实现这一目标，1949年9月21日至30日，中国人民政治协商会议第一届全体会议召开，中国共产党通过协商民主的方式与各民主党派进行广泛协商，实现了协商建国。新中国成立初期，中国人民政治协商会议全体会议代行暂未召开的全国人民代表大会的职权。在恢复和发展国民经济、巩固新生人民政权、完成"三大改造"、进行社会主义建设等方面，人民政协在党的领导下开展了卓有成效的工作，为人民群众行使民主权利、参与国家治理做出了重要贡献。1954年9月，第一届全国人民代表大会召开后，中国人民政治协商会议不再代行全国人大职权，但它作为统一战线组织依然保留，人民政协继续在国家政治生活和社会生活中发挥重要职能作用。由此，人民政协在党的领导下服务党和国家中心任务的领导体制得以确定。

（二）在改革开放和社会主义现代化建设实践中加强改善党的领导

党的十一届三中全会后，人民政协深刻融入改革开放的伟大历史进程，围绕改革开放和我国社会主义现代化不断贡献智慧和力量，彰显了人民政协的优势和特色。随着改革开放的深入，人民政协制度机制不断完善。以邓小平为核心的党的第二代中央领导集体推动人民政协性质和作用载入宪法，为人民政协事业发展提供了根本法制保障；以江泽民同志为核心的党的第三代中央领导集体将中国共产党领导的多党合作和政治协商制度确立为中国的基本政治制度，通过修改宪法明确这一制度将长期存在和发展；以胡锦涛同志为总书记的党中央出台《关于加强人民政协工作的意见》等文件，为新世纪新阶段人民政协事业发展提供了理论基础、政策依据、制度保障。《意见》明确指出要加强和改善党对人民政协的领导，要求"按照党总揽全局、协调各方的原则，进一步加强和改善党对人民政协的领导，支持人民政协依照章程独立负责、协调一致地开展工作"，并且强调各级党委要深刻认识人民政协工作的重要性，善于运用人民政协这一政治组织和民主形式为实现党的总任务、总目标服务。可以看出，在改革开放和社会主义现代化建设实践中，中国人民政治协商会议的运行机制愈发顺畅，党对人民政协的领导不断加强和改善。

（三）在中国特色社会主义新时代的实践中创新党的领导机制

中国特色社会主义进入新时代，党中央对人民政协工作做出一系列重大部署。人民政协认真贯彻习近平新时代中国特色社会主义思想，坚持人民政协性质定位，紧扣统筹推进"五位一体"总体布局、协调推进"四个全面"战略布局，积极投身实现"两个一百年"奋斗目标、实现中华民族伟大复兴中国梦的伟大实践，努力服务党和国家事业发展大局，为党和国家事业发展凝心聚力，开拓了人民政协工作新局面。在党的十八大以来的工作实践中，以习近平同志为核心的党中央从中国共产党的领导是中国特色社会主义最本质的特征出发，在实际工作中切实加强党对人民政协工作的全面领导，完善政协党的领导体制，把坚持党的领导贯穿到政协全部工作之中，强调要进一步准确把握人民政协性质定位，充分发挥人民政协作为协商民主重要渠道作用，围绕团结和民主两大主题，推进政治协商、民主监督、参政议政制度建设，更好凝聚共识。2022年6月，中共中央发布了《中国共产党政治协商工作条例》，明确提出坚持和加强党对政治协商工作的领导，不断提高政治协商工作科学化制度化规范化水平。党的十八大以来，关于人民政协工作的一系列规章制度、条例的制订和颁布，为新时代加强党对人民政协的领导提供了基本遵循，实现了党对人民政协工作领导体制的创新，对新时代巩固和发展爱国统一战线具有重要意义。

二、切实加强党对人民政协工作的全面领导

加强新时代党对人民政协工作的全面领导，必须全面贯彻习近平新时代中国特色社会主义思想和党的二十大精神，按照新时代党的建设总要求，以党的政治建设为统领，全面推进人民政协党的建设。

（一）完善人民政协党的建设运行机制

把习近平新时代中国特色社会主义思想作为统揽政协工作的总纲，巩固深化习近平新时代中国特色社会主义思想主

题教育成果，在坚持已有学习制度的基础上，通过"政协理论大讲堂""书香政协""智慧政协"等途径，研究建立覆盖全体政协委员和政协工作者的学习制度体系。坚持和完善习近平新时代中国特色社会主义思想学习座谈会制度，根据需要吸收代表性强的党外委员参加，定期开展集体学习座谈。邀请专家学者进行专题宣讲，安排政协领导同志和委员中的专家学者在政协系统、界别群众中宣讲，扩大学习覆盖面，提升学习实效，做到学思用贯通、知信行统一，不断增进对习近平新时代中国特色社会主义思想和党的创新理论的政治认同、思想认同、理论认同、情感认同，夯实各族各界团结奋斗的共同思想政治基础，真正建立起用习近平新时代中国特色社会主义思想凝心铸魂制度。

（二）人民政协党的建设责任机制

中共中央《关于加强新时代人民政协党的建设工作的若干意见》明确指出："各级政协党组要树立做好政协工作必须抓好党的建设的观念，深化抓好党建是本职、不抓党建是失职、抓不好党建是不称职的认识，有效避免党建和履职'两张皮'现象，以党的建设引领和推动履职实践，以履职成效检验政协党的建设工作的质量和水平。"政协党组要切实加强对政协党的建设工作的全面领导，坚持统筹推进，以党的政治建设为统领，全面推进人民政协党的政治建设、思想建设、组织建设、作风建设、纪律建设，把制度建设贯穿其中，做好督促检查工作。

政协党组要全面肩负起党对人民政协工作领导的重大政治责任，充分发挥把方向、管大局、促落实的作用，进一步完善学习贯彻落实党中央和省委重要决策部署制度，不折不扣把党中央大政方针和省委决策部署落实到政协全部工作中，确保政协正确的履职方向。机关党的组织要按照"组织健全、制度完善、阵地规范、活动正常、效果明显"的标准，着力推动政协党组和主席会议各项决策在政协机关落到实处。党员委员要带头参加协商讨论、带头开展思想交流、带头开展课题调研，充分发挥在各类会议、协商监督、学习培训中的表率作用。

（三）以高质量党建引领政协高水平履职"双提升"机制

研究建立"党建＋履职"双提升工作制度，做到党有号召政协有行动、党有要求政协抓落实，倾力服务全省经济社会高质量发展。加强党对政治协商工作的领导，把党的领导体现在协商前、协商中、协商后等各个环节。加强党对民主监督工作的领导，完善知情明政、沟通落实、办理反馈等机制。加强党对参政议政工作的领导，强化政协委员责任担当意识，坚持以人民为中心开展工作，切实提高政协委员政治把握能力、调查研究能力、联系群众能力、合作共事能力。加强党对凝聚共识工作的领导，把加强思想政治引领、广泛凝聚共识作为履职的中心环节，贯穿于政协履职的全过程，形成推动中国式现代化甘肃实践的强大合力。

第一节
建强重要阵地　以高质量党建推动地方政协履职机制研究

加强政协党的建设是新时代党的建设新的伟大工程的重要组成部分，是发挥人民政协专门协商机构作用的根本保障。对标党中央加强新时代人民政协党的建设工作的要求，地方政协要坚持把政治建设摆在首位，突出政协特色，创新制度机制，纵深推进"两个全覆盖"，构建高质量党建工作新格局，不断提高政协党组织的政治领导力、思想引领力、群众组织力、社会号召力，通过有效工作，努力成为坚持和加强党对各项工作领导的重要阵地。

一、进一步加强党对政协工作的全面领导

（一）坚持党委定期研究政协工作制度

全面贯彻落实好新时代党的建设总要求，党委每届任期内至少召开1次政协工作会议，党委每年听取政协专项工作汇报应在2次以上，党委常委会每年听取政协党组工作等情况汇报、讨论政协提出的协商计划、民主监督计划并列入党委年度工作要点，纳入党委议事工作规则予以明确。

(二)健全党委保障推动政协工作制度

把政协党组织贯彻执行党的路线方针政策、政协提案办理、政协重要专项工作等纳入督查事项,把政协理论政策纳入党委(党组)中心组学习和党校(行政学院)、社会主义学院培训内容,把政协工作经费列入同级财政预算并予以保证。

(三)建立党政领导参加政协会议活动制度

党委主要负责同志要带头参加政协全体会议及其他有关重要协商会议,带头参加重点提案督办、党委工作通报等活动。党委和政府及有关部门负责同志要主动参加政协重要协商活动。政协委员所在单位和基层各级党组织要积极支持委员履职,提供必要条件和保障。

二、全面加强政协党的组织建设

（一）委员全员加入专委会

由界别构成是人民政协区别于其他政治组织的显著特征，因中共界、无党派、民主党派等界别委员没有对应专委会，制约了政协界别优势和委员主体作用的发挥。按照"保持专的优势、合理安排规模、利于抓好党建"的原则，把除主席会议成员、秘书长之外的委员全员编入专委会。各专委会组成人员原则上以所联系的界别委员为主体，同时根据专委会职能和委员专长进行审慎调配，保持各专委会委员数量、界别构成、党的工作力量大体均衡。

（二）建立专委会委员小组

专委会工作是政协工作的重要基础，为进一步促进专委会工作提质增效，指导各专委会根据职能定位、委员结构、分工任务等情况，设立若干委员小组。每个委员小组中党员委员占一定比例，各专委会中同一界别委员编入同一委员小组，由专委会负责人兼任小组组长，构筑若干工作职能与界别特色结合的"活动单元"、党员委员与党外委员互补的"基本模块"。

（三）建立专委会功能性党支部

加强专委会党的建设，是政协党的建设的"重要一环"，也是以党建引领政协履职工作的内在要求。吸纳专委会各委员小组中的党员，建立功能性党支部，把全部党员委员编入其中，党员委员不转组织关系，党费缴纳、民主评议等在原党支部进行，形成"政协党组、机关党组、专委会功能性党支部、党员委员"的完整链条。

三、健全人民政协党的建设责任机制

（一）健全广泛联系制度

健全党组成员联系党员常委、党组成员联系相关界别、党员常委联系党外常委、机关党组成员联系委员功能性党支部、党员委员联系党外委员等制度，形成覆盖全体委员的常态化、网格化联系格局，畅通党的工作的"毛细血管"。完善党组成员带头与党外委员谈心谈话制度，着力落实思想政治引领、宣讲党的政策、履职指导等任务。探索建立同参加政协的各民主党派、无党派、社会团体联系制度。

（二）织密党建工作责任

完善党建工作责任制，在纵向上构建党组主体责任、党组书记第一责任、班子成员"一岗双责"、机关党组和专委会功能性党支部直接责任的责任链条，在横向上形成全面从严治党、班子和队伍建设、党风廉政建设、意识形态工作一体推进的"纵向联、横向延"的大党建格局。完善委员履职考评办法，把党员委员联系党外委员、发挥先锋模范作用、开展凝聚共识工作等情况纳入党员委员履职工作管理和考核重要内容，开展机关党组、各专委会功能性党支部党建工作年度述职评议，切实推动党建工作各项任务落到实处。

（三）全面从严管党治党

认真贯彻《党委（党组）落实全面从严治党主体责任规定》，制定完善落实党风廉政建设责任和各项规章制度，引导党员委员和机关党员干部养成过硬作风、塑造良好形象。

强化党员委员纪律规矩意识，在委员参会、开展履职活动中，对委员特别是党员委员经常性强调相关履职纪律要求。

四、完善人民政协党的建设运转机制

（一）政协党组把方向，充分发挥领导核心作用

着力发挥政协党组在政协工作中把方向、管大局、促落实的领导作用，坚持以政治建设为统领推进政协党的各项建设，教育引导广大委员深刻领悟"两个确立"的决定性意义，增强"四个意识"、坚定"四个自信"、做到"两个维护"。坚持强化思想引领，构建党组中心组引领学、主席会议带头学、常委会会议专题学、委员培训集中学、专委会和界别研讨学的学习制度体系。坚持重点工作向党委请示报告，重要改革事项等争取党委支持，重点调研、协商、监督议题计划报党委审定，党派团体界别提案、大会发言、联组讨论建议等请党委领导阅签，重要协商议政活动邀请党委领导参加，自觉把党委的各项决策部署贯彻落实到政协各项工作中，真正建立起学习贯彻落实党中央和省委重要决策部署制度。

（二）机关党组织抓落实，充分发挥统筹保障作用

坚持把统筹协调作为机关党组履行党建工作职责的主要任务，落实机关党组工作规则、专门委员会通则以及调查研究、视察考察、理论学习中心组等制度，着力推动政协党组和主席会议各项决策在政协机关落到实处。按照"组织健全、制度完善、阵地规范、活动正常、效果明显"的标准，开展机关党支部规范化建设达标创建工作，切实发挥机关党支部战斗堡垒作用。出台专委会功能性党支部工作办法，明确功能性党支部活动的频次、内容、范围等，指导专委会

功能性党支部搭建具有专委会特色的党组织活动载体，将功能性党支部活动有机嵌入调研、协商、视察、提案等工作，打造特色党建工作品牌。

（三）党员委员作表率，充分发挥先锋模范作用

在人民政协这一政治共同体中，中共党员委员的比重不是绝对多数，但起着关键少数的作用。坚持每年全会前召开党员委员会议，重要视察考察调研、集中学习培训等活动中设立临时党支部，引导党员委员时刻牢记党员身份、坚决把好政治方向、发挥先锋模范作用，高标准完成履职任务。在平常履职中，根据党员委员的具体情况，有针对性地安排任务、靠实责任，指导党员委员带头参加协商讨论、带头开展思想交流、带头开展课题调研。

第二节

用好重要平台　用党的创新理论团结教育引导各族各界代表人士机制研究

加强思想政治引领、广泛凝聚共识，这既是时代赋予人民政协的新使命，也是政协工作提质增效的新课题。各级政协要增进各族各界、各个方面的大团结，调动一切可以调动的积极因素，把更多的人团结在党的周围，努力成为用习近平新时代中国特色社会主义思想团结教育引导各族各界代表人士的重要平台。

一、人民政协历来重视思想政治引领、广泛凝聚共识

广泛凝聚共识是建立人民政协的初衷。在人民政协制度设计之初，就强调以"求得共同一致"为人民政协的工作方式。《中国人民政治协商会议共同纲领》这"共同纲领"四个字，反映的就是"共识"。毛泽东同志说过，"我们有一个广大的和巩固的革命统一战线。这个统一战线是如此广大，它包含了工人阶级、农民阶级、城市小资产阶级和民族资产阶级。这个统一战线是如此巩固，它具备了战胜任何敌人和克服任何困难的坚强的意志和源源不竭的能力。"统一战线组织是人民政协的根本属性，也决定了其与生俱来的凝聚共识的功能作用。

改革开放以来，人民政协制度进入巩固和完善时期，实现了从革命统一战线到爱国统一战线的历史性跨越，凝聚共识的作用也得到了进一步强化和发展。邓小平同志指出："新时期统一战线和人民政协的任务，就是要调动一切积极因素，努力化解消极因素为积极因素，团结一切可以团结的力量，同心同德，群策群力，维护和发展安定团结的政治局面，为把我国建设成为现代化的社会主义强国而奋斗。"统一战线和人民政协的理论随着时代发展而不断丰富，但凝聚共识的核心根底没有改变。正是在这一目标指引下，人民政协的团结面不断扩大、包容性不断增强，并为深入推进改革开放提供强大力量。

进入新时代，以习近平同志为核心的党中央高度重视人民政协工作，科学提出了一系列新思想新观点新论断。明确人民政协是专门协商机构，强调政协协商要聚焦推动党和国家中心任务的贯彻落实，政协协商要把加强思想政治引领、广泛凝聚共识作为中心环节，政协协商要发挥政协委员主体作用，人民政协不仅是国家治理体系的重要组成部分，还是中国特色的制度安排，更是中国新型政党制度的特点和优势。

习近平总书记关于加强思想政治引领、广泛凝聚共识是人民政协履职工作中心环节的重要论述，是新时代人民政协理论的重大创新，为地方政协充分发挥大团结大联合优势，围绕中心、服务大局，加强和改进人民政协工作，明确了方向，提供了根本遵循。

二、用习近平新时代中国特色社会主义思想团结教育引导各族各界代表人士

各级政协要以习近平新时代中国特色社会主义思想为指导,认真贯彻落实中央和省委政协工作会议精神,增强"四个意识"、坚定"四个自信"、做到"两个维护",始终把坚持和发展中国特色社会主义作为巩固共同思想政治基础的主轴,开展形式多样的学习、宣传和实践活动,把各族各界各方面的力量广泛凝聚到习近平新时代中国特色社会主义思想这面伟大旗帜之下。

(一)广泛凝聚热爱伟大祖国的爱国共识

在实现中国梦的壮阔航程中,爱国主义精神始终是中华民族的精神支柱,是奋进中国的强大动力,也是参加人民政协的各党派团体和各族各界人士的最大政治共识。人民政协作为爱国统一战线组织,要不断加强对政协委员和各民主党派、工商联以及党外人士的爱国主义教育,用爱国主义情感凝聚共识,以爱国主义精神挺起脊梁,把爱国情、强国志、报国行自觉融入为国履职、为民尽责的奋斗当中。

(二)广泛凝聚坚持中国共产党的领导的政治共识

中国共产党的领导是人民政协事业发展进步的根本保证。坚持好党的领导,最根本的是拥护"两个确立",做到"两个维护",工作中要自觉将党的领导贯穿政协工作全过程,更好地凝聚起各党派、社会各界人士坚持中国共产党政治领导、思想领导、组织领导这一最根本的共识,自始至终坚守合作初心,做好中国共产党的好参谋、好帮手、好同事。

(三)广泛凝聚坚持和发展中国特色社会主义的道路共识

中国特色社会主义道路,是引领中华民族走向伟大复兴的唯一正确道路。要引导社会各界人士坚持唯物史观和正确党史观,来认识中国特色社会主义道路的形成与发展,自觉搞清楚中国特色社会主义道路从哪里来、到哪里去,过去为什么能够成功、未来怎样才能继续成功等问题,以共同的目标,带动共同的行动,发挥共同的力量,不断坚定道路自信。

(四)广泛凝聚铸牢中华民族共同体意识的文化共识

积极发掘中华优秀传统文化,宣讲各民族共创中华文明的光辉历程,做好存史资政工作。举精神之旗、立精神支柱、建精神家园,不断增进各民族群众对中华文化的认同,厚植铸牢中华民族共同体意识的文化基因和根脉,广泛凝聚铸牢中华民族共同体意识的文化共识。

(五)广泛凝聚对党的创新理论成果的思想共识

人民政协作为用党的创新理论团结教育各族各界人士的

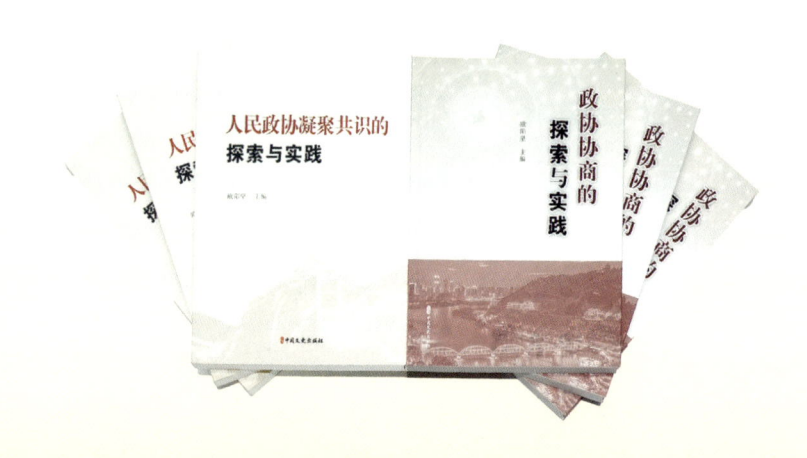

重要平台，要开展卓有成效的学习、宣传和实践活动，引导参加人民政协的各党派团体和各族各界人士深入学习党的创新理论，学习时事政策，学习中共党史、新中国史和统一战线历史、人民政协历史，把各族各界各方面的积极力量广泛凝聚到习近平新时代中国特色社会主义思想这面伟大旗帜之下。

三、几点建议

（一）把思想政治引领作为人民政协工作的职责使命

人民政协必须把坚持党的领导作为最根本的政治原则。要坚持用习近平新时代中国特色社会主义思想武装头脑，切实增强"四个意识"，坚定"四个自信"。要着力引导各党派、各团体、各族各界相互增进情感，形成高度的政治认同、思想认同、情感认同。要聚焦党和国家中心任务履职尽责。不断增强广大人民群众对党的路线方针政策、中华民族伟大复兴的中国梦的认同感，不断凝聚人心和力量，筑牢共同奋斗的思想政治基础。

（二）创新行之有效的学习方法

在理论学习方面，要通过组织培训、专题报告、集体座谈、跨界交流等方式有针对性的引导政协委员与群众读原著、学原文、悟原理，不断筑牢思想政治引领的根基。在情境教育方面，要通过组织政协委员与群众深入红色教育基地、国情教育基地等，以真实感人的情境体验，深度感受百年中国的艰辛与自豪，激发其巨大政治热情与深厚的爱国情怀。在实践教育方面，要以项目带动实践深化，在调查研究、建言献策、挂职锻炼、履职尽责等方面，不断增进委员与群众的政治认同。

（三）构建切实可行的调查研究机制

一是建立重要决策调研论证制度。二是建立领导干部带头制度。三是成立调研工作专班。四是建立年度调研课题和日常调研相补充的工作制度。五是建立健全调研协作制度。六是建立健全调研成果交流转化制度。七是建立调研工作台账。八是建立调研联系点制度。

（四）探索运用新媒体新模式

一方面以网络平台建设为契机，把党的路线政策及时向广大委员与各界群众传递；另一方面以网站、微博、微信、抖音等平台发布广大委员与各界群众创作的新作品，把委员与各界群众的新理念、正能量传播到千家万户，不断增强思想政治引领的吸引力与影响力。

（五）构建科学有效的支持机制

适时出台思想政治引领的配套制度、实施细则，在指导思想、工作原则、具体举措等方面予以体现。要加大思想政治引领工作人财物的投入，以一流的人才、强有力的资金、充沛的资源助力思想政治引领，打造高水平、高起点、高质量的思想政治引领，逐步形成长效稳定的支持机制。

第三节

畅通重要渠道　筑牢共同思想政治基础 助推幸福美好新甘肃建设机制研究

各级政协要坚持全心全意为人民服务的根本宗旨，始终保持同人民群众的血肉联系，不断巩固各族各界各个方面的大团结，努力成为在共同思想政治基础上化解矛盾和凝聚共识的重要渠道。

一、在守正创新中凝聚共识

（一）建好基层协商议事的便民平台

充分发挥政协专门协商机构作用，进一步健全完善全体会议广泛协商、常委会议集中协商、主席会议重点协商、专门委员会对口协商、界别协商、提案办理协商等协商民主的形式和工作机制。以"不建机构建机制"为原则，搭建政协委员工作站、协商议事会和协商议事室"三位一体"协商议事平台，按照有阵地、有标识、有制度、有流程、有活动、有实效的"六有"标准，为每个委员工作站落实经费2万元，每个协商议事室落实经费4000元。

（二）办好社情民意的建议平台

将《社情民意信息》作为协商议政的重要载体，主席点题、专委会命题、委员选题等方式，广泛收集社情民意等内容，将《社情民意信息》报送党委政府，推动工作落实，让社情民意小信息成为协商议政的大平台。

（三）建立把脉问诊的协商调研平台

协商调研是政协工作非常重要的一项内容，专家学者的支持让调研协商更守法、专业、科学、通情、贴切，在开展调研活动和召开协商议政会时，吸收专家参与，专门听取专家意见，广泛协商讨论。

（四）办好传播政协故事的宣传平台

坚持委员小讲堂和专家大讲坛相结合，开办"政协讲堂"。小讲堂定期进行，大讲坛适时举办，最大范围传递正能量、传播好声音。加大对外宣传力度，讲好新时代政协履职故事。

（五）办好文史资料以文资政平台

始终把以史为鉴、广泛凝聚共识的要求贯穿到政协文史工作全过程。聚焦历史人文资源，编辑出版文史资料，充分用好文史工作载体，服务改革发展大局。

二、在团结联谊中凝聚共识

（一）做好委员凝聚共识工作

密切与委员之间的联系，通过座谈交流、走访看望、谈心谈话，交流思想、宣传政策、增信释疑。完善党组会议、主席会议、专委会主任及政协工作召集人会议学习座谈交流机制，组织委员开展以自我教育、自我提高为主旨的学习座谈，领悟新思想、感受新成就。建立健全党政职能部门与政协专门委员会对口联系协商制度以及主席会议、常委会议听取情况通报制度,邀请有关部门负责同志,通报经济社会和改革发展稳定的重大问题和群众关切的热点难点问题有关情况,帮助委员知情明政。

(二)做好社会各界凝聚共识工作

加强同委员、民主党派、无党派人士联系沟通,密切同非公有制经济人士、新的社会阶层人士、各类人才的沟通联络,有针对性

地做好团结引导、解疑释惑工作。组织少数民族和宗教界委员深入基层调研、开展协商交流，及时反映民族宗教领域的社情民意，积极推动解决委员重点关切的实际问题。

（三）做好界别群众凝聚共识工作。

鼓励委员通过定期走访、结对联系、调查研究等方式，积极宣传党和国家方针政策，了解界别群众思想状况，反映群众意见呼声，面向基层群众开展服务，让政协与群众的关系更近、更亲、更紧。

三、广泛汇聚团结奋斗正能量

（一）筑牢共同思想政治基础

人民政协是大团结、大联合的组织，要做好团结各阶层关系的工作，在尊重不同利益诉求的基础上，团结好各族各界各个方面，最大可能寻求共同思想政治基础，为建设幸福美好新甘肃汇聚力量。

（二）努力实现大团结大联合

中国特色社会主义进入新时代，社会阶层构成和利益诉求发生深刻变化，人民政协要发挥自身优势，扩大人民有序政治参与，畅通利益诉求表达渠道，进一步推动大团结大联合。

（三）全力增进"四个认同"

人民政协作为广泛联系和动员社会各界的重要组织，要着力强化思想政治引领，努力把党的主张转化为各族各界各个方面的自觉行动，全力增进广大群众对党的领导的政治认同、思想认同、理论认同、情感认同。

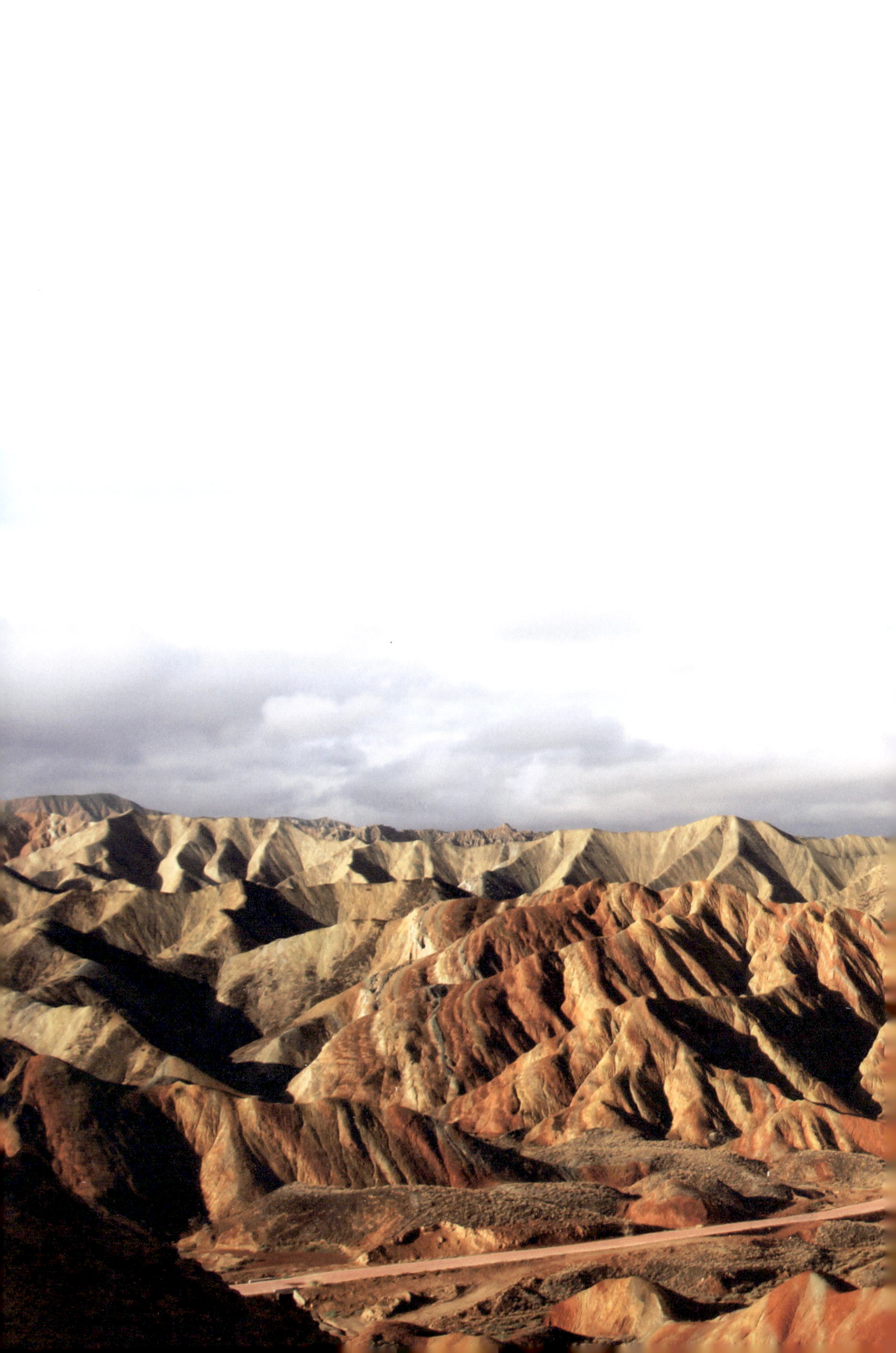

第二章

坚持人民政协性质定位
加强专门协商机构建设机制研究

进入新时代，人民政协必须始终坚持把习近平新时代中国特色社会主义思想作为统揽政协工作的总纲，深入学习贯彻习近平总书记关于加强和改进人民政协工作的重要思想，准确把握和坚持人民政协的性质定位，不断加强专门协商机构建设，推进协商民主广泛多层制度化发展，推动专门协商机构机制建设更加完善、更加成熟、更加定型。

一、工作现状

人民政协作为社会主义协商民主的重要渠道和专门协商机构，赋予了人民政协更加重要的职责和使命。近年来，地方政协认真贯彻习近平总书记关于加强和改进人民政协工作的重要思想，在加强专门协商机构建设方面做了大量工作，取得了长足进步。但也应该看到，地方政协在制度程序、内容形式和成果反馈等方面还存在着不足问题，影响着专门协商机构作用的充分发挥。

一是协商程序还不够健全完善。2015年以来，党中央就社会主义协商民主和加强政协协商出台了相关文件，对协商程序作出了明确要求，但协商规则方面的规定整体比较宽泛，对应该协商什么，如何开展协商，哪些人参与协商，协商成果如何运用等缺乏系统的、具体的、可操作性的制度和程序保障。党委政府与政协组织之间协调沟通对接不够明确和规范，从协商议题提出、协商活动组织安排、协商成果整理报送、协商意见处理反馈等环节看，还没有形成闭环机制。比如：政协年度协商计划多由政协组织提出，没有严格按照制定年度协商计划时先征求党委、政府意见，由政协党组研究提出后报请党委研究同意后由政协组织实施的规范执行，协商计划议题与党委和政府工作契合度不够。

二是协商成果转化落实不够有力。目前，党委、政府对政协提案的办理有正式的工作规则，但对社情民意信息、调研报告、民主监督意见等履职成果尚未建立成熟的规章制度。政协重点协商活动实施情况没有列入党政督查事项和考核体系，缺乏必要的刚性约束机制，尚未建立起相对完善的协商成果采纳、落实和反馈机制，导致协商成果转化、协商效果与协商预期有一定差距。

三是协商质量有待进一步提升。委员调查研究能力不足。地方政协委员主要来自于科教、文化和机关企事业单位，大部分忙于本职工作，进行深入思考和开展调查研究不多，提出的意见建议深度不够、含金量不高。农村留守群体、农民工、城市居民、新兴社会群体等新的社会阶层力量没有被界别吸纳进来，委员履职还不能代表所有群众的意愿，使得协商成果难以保证其代表性、公正性、公平性。

四是协商民主理念和氛围不够浓厚。党派、界别作用发挥不够。民主党派参加的政协活动还比较少，没有与政协专委会之间建立经常性联系。同一界别委员被编入不同专门委员会的情况时常出现，难以体现界别的特点和优势。群众参与协商积极性不够。由于社会层面对政协协商民主的认知欠缺，群众对政协是什么、干什么还没有深刻的认识，群众参与协商的意识不强。

五是地方政协组织基础有待夯实。县区政协工作力量相对薄弱。虽然市县政协组织机构逐步规范，但仍不健全。各县（区）专委会均未设置办公室，专委会中"一委一人"现象较为普遍，很多工作由办公室工作人员兼办，难以适应新形势下专门协商机构的工作需要。协商民主向基层延伸力量不足。政协章程对乡镇（街道）设立政协组织没有明文规定，缺少顶层设计和制度规范，导致乡镇（街道）政协工作力量薄弱。近年来，通过推进政协协商向基层延伸，解决了基层无牌子、无专职、无经费、无场所、无制度状态，但横向比较，在人员组织配置上明显弱于人大。

二、着力重点

（一）进一步健全协商纳入党政议事决策机制

把政协协商纳入党委、政府决策程序之中，列入决策规则。根据年度整体工作部署，由党委、政府及其部门会同政协提出年度需要提交政协协商的议题，增强协商的主动性、计划性、针对性和互动性。

（二）建立围绕党委政府决策部署贯彻落实深度协商互动机制

围绕贯彻落实习近平总书记对甘肃重要讲话重要指示批示精神

进展情况，规范协商纳入党政议事决策机制，构建党委统一领导、政府大力支持、政协精心筹办、群众深度参与的协商格局，使"政协需要党政参与协商"真正转变为"党政需要政协组织协商"。完善协商议题形成机制，以年度协商计划为统领，健全完善科学有效的协商议题形成机制，在深入调研、认真分析的基础上，协商提出高层次、有针对性的协商议题。健全完善与党政部门良好的沟通机制，加强常态化联系，增进感情、交流思想，全面掌握信息，增强协商的针对性和专业性。

（三）进一步健全协商意见建议采纳落实反馈机制

党委、政府进一步研究建立健全政协协商意见建议的采纳落实和反馈制度，确保政协协商成果件件有着落、事事有回音，促进协商和决策良性互动，推进协商民主不断深入发展，进一步提高执政、行政能力和水平。

（四）进一步健全完善协商运行机制

坚持政协全体会议协商、专题议政性常委会、专题协商会、月协商座谈会、对口协商、界别协商、提案办理协商等制度，不断拓展协商形式，积极探索网络议政、远程协商等新形式。加快制定沿黄九省区政协黄河流域生态保护和高质量发展协商机制运行办法，建立省内沿黄河流域市县政协黄河流域生态保护和高质量发展协商联动机制，在推动国家战略落实中贡献甘肃政协力量。

（五）进一步健全完善协商议政质量全过程评价机制

探索建立协商议政质量全过程评价指标体系，从议题选择、组织实施、办理落实、转化运用、跟踪反馈、考评奖惩、成果公开等各环节、各方面进行科学评估，完善掌握方针政策、深入调查研究、营造良好氛围、充分协商讨论等运行办法，构建政协协商议政高质量运行的闭环制度。

三、对策建议

（一）完善顶层设计

建立党委会同政府、政协联合发布年度协商计划制度，政协重大协商议题同党政综合部门会商制度，委员知情明政制度。进一步细化和丰富协商内容，党委和政府作出的事关全局的重大问题尽可能提交到政协协商。建议将政协协商民主工作纳入同级党政工作计划，将政协重点协商成果办理列入党政部门督查事项和考核体系，适时向政协反馈，促进协商成果转化落实。

（二）强化统筹安排

建议从加强统筹性制度建设入手，推动各项制度细化完善。制定协商工作规则，注重程序性制度建设，围绕协商议题确定、协商活动安排、协商意见报送及反馈等方面作出明确具体规定。

第一节

地方政协推进协商民主广泛多层制度化发展机制研究

近年来，地方政协坚持以习近平新时代中国特色社会主义思想为指导，认真贯彻党的二十大精神，始终把加强思想政治引领、广泛凝聚共识作为新时代加强和改进人民政协工作的中心环节，扎实推进协商民主广泛多层制度化发展，取得了显著成效。现以庆阳市政协工作为例，进行地方政协协商民主广泛多层制度化发展机制研究。

一、现状和做法

（一）突出协商主体的广泛性，协商民主横向覆盖范围持续拓展，彰显了全面发展协商民主，践行全过程人民民主的时代特征

发挥政协党组把方向、管大局、促落实的领导作用，健全政协党的领导体系和机制，加强思想政治引领、广泛凝聚共识，发挥"重要阵地、重要平台、重要渠道"作用，依托"互联网+"优势，构建"一网三端"—"智慧政协"云平台，开通远程视频会议系统，强化委员线上协商建言、学习交流、

反映社情民意，提案提交、审核、交办、督办等全程线上操作等功能建设，构建社情民意监督、民主党派监督、民主监督员监督、协商式民主监督、提案办理监督"五位一体"民主监督体系。加强政协协商与基层协商有效衔接，制定印发协商议事工作规则，明确标准和程序，不断丰富"有事好商量，众人的事情由众人商量"的制度化实践。

（二）突出协商层次的多元性，协商民主纵向布局实施逐步延伸，形成了涵盖各党派、各团体、各民族、各阶层、各界别群众广泛政治参与的独特优势

坚持政协专门协商机构性质定位，开展立法协商、行政协商、民主协商、参政协商、社会协商，拓宽网络议政、远程协商等协商民主的新路径。坚持党政中心工作落到哪里，政协工作就跟进到哪里，政协力量就汇集到哪里。坚持"不学习不调研，不调研不协商，不协商不建言"工作机制，坚持调研在一线开展、问题在一线协商、共识在一线形成的"一线工作法"，做到建言建在需要时、议政议到点子上。形成的《关于支持革命老区油气资源开发和就地加工转化利用的提案》被列为全国政协重点提案，《关于支持甘陕蒙联合加强秦直道遗址保护利用的建议》《关于立足资源禀赋，构建支撑体系，加快庆阳综合能源化工基地建设》《关于重视支持南佐遗址开发保护的建议》《关于把庆阳岐黄中医药文化博物馆列入创建国家级中医药博物馆的建议》等许多社情民意信息，被全国政协和省委、省政协采用。坚持协商于民、协商为民，成立界别工作室和社区协商议事室、街道政协委员工作站，创建社区"接诉即商量，商好即办理，办毕即反馈"，对于难以协商的事，由社区党委提交街道党工委，或提交上级相关职能部门协商解决，属于共建单位解决的及时转办等"三即两

提一转"协商模式,协商民主的实效性显著提高。

(三)突出协商程序的规范性,协商民主发展制度机制不断创新,构建了政策配套、程序合理、环节完整的协商民主体系

顺应时代发展要求,基于七大协商渠道创新协商民主,扩大人民群众有序政治参与。政协协商的系统性和效能感明显增强,先后制定出台《关于加强和改进新时代市县政协工作的实施意见》《关于中共党员委员联系党外委员的意见》《关于进一步强化政协委员责任担当的实施意见》《关于加强和改进人民政协民主监督工作的实施意见》《关于建立委员联系界别群众制度机制的实施意见》等配套文件,修订完善政协常务委员会工作规则、专门委员会通则,确保了协商责任落实有制可依、有规可守、有序可遵。注重健全协商规则,积极培育协商文化,以全体会议为龙头,以专题议政性常委会会议和专题协商会为重点,以对口协商会、提案办理协商会等为常态，全面深化界别协商、党派协商和调研协商。建立优化营商环境政策常态化协商机制，密切与市工商联、各县区政协的协同联动，坚持定期开展恳谈交流活动、专题报送涉企问题清单、会同党政督查考核部门跟踪督办制度，监督成效明显提升。

二、不足和差距

（一）协商于决策之前和决策实施之中制度落得不够实

政协全体会议协商制度等6类协商形式的程序规范，推动完善协商于决策之前和决策实施之中的落实机制，需要政协协商的事项必须经协商后提交决策实施，把协商互动列为必要环节，以及协商的参加范围、讨论原则、基本程序、交流方式等规定没有具体实施细则，协商议政质量评价机制缺失。

（二）深度协商互动的机制有待完善

加强制度化、规范化、程序化等功能建设，提高深度协商互动、意见充分表达、广泛凝聚共识水平，完善人民政协民主监督和委员联系界别群众制度机制，大力发展基层协商民主，完善基层直接民主制度体系和工作体系，加强议事协商，拓宽基层各类群体有序参与基层治理渠道等处于探索推行阶段，进展不够平衡，制度保障尚不明确。推进城市社区协商民主、企事业单位协商民主工作相对薄弱，农村协商民主选题不够精准，协商议事制度坚持不够经常，普遍存在协商程序不严谨，协商内容过于宽泛，协商过程公开不及时，协商议事会成员代表性不强、协商能力有限等问题。协商成果采纳、落实和反馈机制需要进一步健全完善。

（三）推进政治协商与其他协商渠道有效贯通需要加强

政协协商与政党协商等其他协商渠道衔接融合的组织平台、人才共享、程序保障和协商能力建设等制度机制尚不完善。健全发挥新型政党制度优势的机制，压实政协组织和政协委员履职尽责的制度安排，建立和完善政协协商议事规则，提高协商的制度化、规范化、程序化水平有差距。民主党派、新的社会阶层人士广泛参与协商，开展网络议政、远程协商和掌上学习、云端履职、委员履职记载等制度化平台建设不到位。

三、意见和建议

（一）准确把握人民政协性质定位，加强专门协商机构功能建设

1.完善政协重要协商方式的制度机制。全面贯彻落实新修订的政协章程，重点围绕"坚持党的全面领导、把握政协性质定位、强化委员责任担当、履行凝聚共识职能"等内容，对协商内容、协商议题作出制度化规定，形成协商事项目录，健全协商议政的初始、推进、协商和后续阶段的落实保障制度机制，做到协商选题的产生、协商过程的组织、协商成果的落实、协商质量的评价都有相应的制度规范。

2.建立政协内设机构设置适时调整机制。近年来，地方政协大多增加了委员工作委员会，有的还在办公室设立调研科、社情民意室和委员服务中心，对服务委员履职起了应有作用。新时代发挥好专门协商机构作用，应围绕加强政协内部纵向联

系、地方政协与各党派团体横向联系、党政部门对口联系，以及政协理论研究、增强调查研究能力建设，切实优化调整相关机构设置，以保障市县政协履行职能之需，解决县区政协"两个薄弱"问题。

（二）建立完善协商机制，打造全链条协商议政平台

1.建立多渠道协商议题提出机制。人民政协工作由决策后的民主监督向决策前的协商民主推进，是强化政协协商功能，构建团结合作重要平台的需要。建议完善政协内部选题机制和界别联合、委员联合提出议题遴选机制，不断丰富协商内容、拓宽协商范围、创新协商形式。同时，在选题协商确定过程中，建立健全党委牵头，党委、政府、政协共同协商选题，政协在参加单位中认真征求协商选题意见等制度。

2.探索推进制度化平台建设机制。加强专题协商、对口协商、界别协商、提案办理协商等重要协商方式的制度化平台建设，研究制定加强和改进专委会工作的意见，发挥专门协商机构中的基础性作用。创新界别协商、对口协商的制度程序和参与实践，突出政协界别特色，发挥委员工作室作用，更深层次地促进各界别的沟通交流。根据民主监督遇到的新问题有针对性地完善工作机制，积极探索"怎样凝聚共识"的方法路径，形成政协监督与民主党派、新的社会阶层人士联动协商的新格局。

3.创新深化基层民主协商机制。扎实推进政协协商与基层协商有效衔接，在市县乡（镇、街道）村（社区）等各个层级，以乡镇委员工作站、村民协商议事室、委员联络室、界别活动室建设为抓手，着力把协商地点从会议室延伸到工厂社区、田间地头，把提案、调研、协商、视察、委员读书活动、反映社情民意等工作有机融合起

来，着力搭建集协商、监督、参与、合作于一体的全过程协商平台。

（三）健全创新协商形式机制，促进协商成果转化

1.完善经常性工作制度。围绕发挥好特色协商、读书学习、联系群众、舆论宣传、政协机关的支撑服务作用，对学习、提案、委员视察、专题调研、反映社情民意信息、文史资料等工作，以及网络议政、远程协商、专家协商等新的协商方式，促进政协协商与其他协商渠道融会贯通，强化制度衔接和运行规范，做到政协协商与政党协商、其他协商方式在议题和安排组织上互相配合、有机结合。

2.建立跟踪督办机制。协调党委、政府对政协报送的意见建议进行认真研究，积极采纳，明确办理落实部门，并对相关部门的办理情况进行检查督促，对不重视、不办理或办理不好的部门限期整改。同时，政协主动会同相关部门，通过组织视察、调研、座谈、走访等形式对协商意见的落实情况进行跟踪了解，对一些重要的协商成果在实施中存在的问题应再次协商。

3.建立激励考评机制。制定地方政协协商议政会、专题调研、提案质量和社情民意信息等协商议政质量评价工作办法，明确评价标准。优化委员履职考评内容，将任期内协商成果的认定、转化，纳入量化考核内容，完善委员激励约束机制。深入挖掘典型，及时总结经验，将行之有效的好做法总结出来、推广出去，不断健全协商机制、规范协商程序，扎实推进协商民主纵深发展。

第二节
推进政协协商向基层延伸机制研究

近年来，全省政协系统学习贯彻习近平总书记关于加强和改进人民政协工作的重要思想，坚持把协商作为主责主业，通过搭平台、建机制，形式多样地开展政协协商向基层延伸工作，在推动基层社会治理中发挥了重要作用。

一、我省推动政协协商向基层延伸工作的现状

2018年初，省政协按照"先试点、后推广"的思路，率先在金昌市、兰州市、镇原县部署开展试点工作，把协商的触角延伸到基层一线。2019年5月，全国地方政协工作经验交流会召开后，在总结试点经验的基础上，每个市州选择2个县扩大试点范围，并逐步在全省推开。2020年10月，在金昌市召开基层政协协商工作推进会，就加强党的领导、协商活动组织、政协工作力量下沉、协商成果落实等方面，进一步安排部署。2021年7月，在兰州市召开政协协商向基层延伸现场观摩会，对此项工作进行再部署、再推进。

在具体推进过程中，省政协出台了推进政协协商向基层延伸《实施方案》，形成了5项机制，用制度来规范协商工作。一是搭建"三

位一体"协商平台,在有条件的乡镇、街道建立委员工作站、协商议事会、协商议事室。委员工作站站长由乡镇、街道党委(党工委)副书记兼任,不是政协委员的全部增选为政协委员;副站长由辖区内1~2名政协委员担任。委员工作站既接受市县政协的工作指导,又接受乡镇、街道党委(党工委)领导。二是推行"三个下沉"工作机制,将省市县政协领导、政协委员、专委会全部配置到乡镇、街道委员工作站,让政协力量全面参与到协商中来。三是建立领导包抓督导机制,省政协党组书记、主席牵头抓总,党组成员、主席会议成员分片包抓全省14个市州,市州政协领导包抓县区,县区政协领导包抓乡镇、街道,层层压实责任、稳步推进工作。四是建立上下联动协商机制,探索实行省、市、县、乡、村五级联动协商,由县区政协统筹,协商议题既可以逐级上交,也可以指定下放,让什么范围的事情就在什么范围内协商。五是探索形成了有效协商形式,建立了收集议题、确定议题、议前调研、协商议事、办理实施、结果反馈"六步议事"规则,对协商的组织、协商的主体、协商的程序以及成果运用等进行规范,形成了完整、规范、闭环的协商流程。

目前,全省98%以上的乡镇、街道和一半以上的村、社区建立了协商议事会和议事室,95%以上的省市县政协委员下沉到乡镇、街道委员工作站,40多万名群众和利益攸关方参与了政协组织的协商活动,基层干部群众普遍感到,政协与他们很近、委员与他们很亲。2019年以来,通过在乡镇、街道和村、社区、企业搭建分布广、常态化的协商平台，有效解决了2.7万个民生难题和实事，发挥了政协在基层治理中的作用，提高了基层治理效能。

二、存在主要问题及原因分析

（一）对基层协商民主的认识还有待加强

基层党委政府对政协协商工作的地位、意义、作用认识还不深入，主动参与、配合推进基层协商民主工作的积极性不够高，上下联动、左右协同配合的合力尚未真正形成，仍然存在"两张皮"的现象。基层干部在思想认识上还有误区，对基层协商民主的内涵理解不深不透，认为基层协商民主是政协一家的工作，重视程度不高，没有真正履行应有的责任。

（二）乡镇（街道）委员工作站运行机制尚未建立

由于乡镇、街道尚未设立相应的政协组织机构，现有的政协委员工作站站长由乡镇（街道）党委（党工委）副书记兼任，加之人员变动频繁，开展政协协商向基层延伸工作主要由市、县（区）政协主推，委员工作站作用尚未真正发挥出来。比如，在换届期间，县、区政协将乡镇（街道）党委副书记吸纳为政协委员，并兼任委员工作站站长，但换届后因人员调整，新任的委员工作站站长业务不熟悉，并且不是政协委员，致使工作不能正常接续开展。

（三）协商议事保障机制还有待建立完善

因基层协商民主工作未配套专项工作经费，打造协商议事阵地、委员工作站日常运转等费用主要从其他工作经费中支出，普遍存在经费捉襟见肘的问题。在日常工作中，下沉基层参与协商议事活动

的政协委员因履职经费没有相关发放依据，交通、通讯等费用均由自己承担；协商议事会成员当中除村、组干部和社区工作人员之外的其他非公职人员，没有误工补贴，致使参与基层协商议事活动的积极性不高。

（四）协商议事工作机制需要进一步优化

基层协商涉及的议题筛选、协商人员、协商内容和形式等相关制度还需要不断健全完善。同时，协商议事中还存在重协商、轻落实的问题，对于协商成果转化落实，还没有明确的监督主体，缺少有效的监督问责机制，缺乏硬性落实的制度约束，致使一些协商成果还难以进入决策层面，最终未能落到实处，长期往复导致基层干部群众对政协协商认可度降低，委员履职热情减少。

（五）政协委员和群众的协商参与度还不高

各级政协委员下沉到乡镇一级的较少，特别是下沉到村一级的政协委员少之又少。加之，政协委员还要兼顾本单位的工作，有时基层的协商议事活动与委员自身工作在时间上有冲突，致使委员还没有常态化参与到基层协商议事活动中。在农村，因青壮年劳动力长期外出务工，空壳化严重，没有条件参与协商，致使参与主体不广泛、代表性不足，特别是在农忙时间，协商议事组织起来比较困难，基层协商议事还没有真正形成常态。

三、加强政协协商向基层延伸工作制度机制的对策建议

（一）加强思想政治引领，营造良好协商氛围

1. 建立健全组织领导机制。坚持把基层政协协商作为重要政治任务，纳入党委、政府重要议事日程，建立健全各级党委统一领导，政协发挥专门协商机构作用，相关部门明确职责、协同配合的工作格局和机制，集聚各方智慧共同推进基层协商民主实践。

2. 建立协商文化培育机制。坚持把培育协商文化、倡导协商民主精神作为基层协商民主的长期工作，将政协协商民主理论纳入省市区委理论中心组学习和党校培训，让协商民主理念在"关键少数"群体中广泛认同、主动接纳。利用多种方式，促进协商民主理论进乡村、进社区，提升基层群众协商素养和能力，激发和调动群众参与基层协商民主的积极性和主动性。

3. 健全完善宣传机制。利用新闻媒体、宣传手册、专题片等多种途径，广泛深入开展基层协商民主工作宣传，最大范围提高群众的知晓率和参与率，营造良好舆论氛围，让协商民主理念在全社会逐渐普及，逐渐形成"遇事多商量、有事好商量、众人的事由众人商量"的良好社会氛围。

（二）完善顶层设计，提高基层协商制度化水平

1. 建立保障机制。省委出台政策措施，建立健全党委领导、政协主导、政府参与的基层政协协商长效保障机制，推进政协协商与基层协商有效衔接。将乡镇（街道）委员工作站作为县（区）政协延伸到基层的政协组织机构，结合实际定编定员，明确岗位职责，赋予其参与基层协商的权力，使基层政协工作在政策、人力、财力方

面得到充分保障，使下沉基层的委员在履职过程中增强底气、敢于发声。

2.健全工作推进机制。在县（区）级层面，建立县（区）委领导、政协指导的工作机制，由县（区）委领导牵头挂帅，政协具体组织实施，建全县（区）委常委会议定期听取和研究基层政协协商工作制度。在乡镇（街道）层面，由党委牵头主抓，委员工作站站长具体落实，建立党委会议每季度或半年研究一次工作情况，改变以往委员工作站"单打独斗"的被动局面，提升基层政协协商工作质效。

3.优化协商运行机制。根据乡村社会治理实际，突出政协搭台的定位，进一步规范细化协商议题提出、协商内容确定、协商程序和形式制定、协商成果转化等制度机制，健全完善包抓督导、会议推进、宣传培训、考核激励等制度机制，探索建立将基层协商民主与党建引领基层社会治理、"四议两公开""一事一议"等有效衔接的工作机制，使协商议事活动始终贯穿于基层群众自治全过程。

（三）强化委员责任担当机制，充分发挥委员主体作用

1.健全委员学习培训机制。强化委员基层政协协商能力建设，定期采取专题讲座、辅导报告、外出培训等形式，使各级政协委员掌握政策，明确协商的目的、路径和方法，引导委员知情明政，用好"话语权"，发出"好声音"，提高协商"含金量"。

2.健全委员履职工作机制。出台相关政策文件，对政协委员履职经费予以明确，对下沉基层参与协商议事工作的政协委员适当给予工作津贴和交通补贴，调动其参与协商议事活动的积极性和主动性。完善委员履职考核管理办法，将委员下沉乡镇（街道）、村（社区）参与协商情况，纳入委员年度履职考核内容，考核结果作为评先选优的重要依据。

3. 完善委员推荐机制。科学划分基层委员名额，将热心政协事业的乡贤能人，具有较强责任心的乡镇干部、大学生村官、乡村教师和致富带头人，吸纳到委员队伍当中，主动做协商议事活动的参与者、指导者、服务者。

（四）健全基层群众参与机制，激发基层社会治理效能

1. 探索建立协商对话机制。着眼于城乡社区治理、基层公共事务和公益事业中的实事难事，依托乡镇（街道）委员工作站，定期安排政协委员现场办公，让委员与群众直接面对面沟通，让群众直接反映意见建议，现场协商，帮助解决一些事关群众切身利益的大事小情。

2. 建立协商议题直报机制。探索在县（区）乡镇（街道）两级设置"协商议题直报点"，对县（区）乡镇（街道）两级无法解决或者超出职权范围的协商事项可直接上报，由省级或市级政协组织牵头开展协商。

3. 探索开展网络协商机制。顺应信息化时代的新变化，运用好互联网技术，构建互联网＋政协，搭建"数字政协云""网上议事厅"等在线协商平台，让委员与基层群众的联系永不断线，进一步扩大群众参与协商的覆盖面。

（五）建立协商成果落实机制，确保协商取得实效

1. 建立考核激励机制。将基层协商民主工作开展情况作为一项重要内容纳入各级党委综合考核，通过建立协商结果落实情况追踪、执行、公开、通报和协商成果考核激励等方面的制度，提升基层政协协商质效。

2. 建立跟踪督办机制。注重发挥村（社区）、村（居）民监督委员会的作用，组织利益相关人员对协商结果及其落实情况实行动态跟踪，促使协商成果转化；对一些涉及面广、基层无法解决的重点问题，通过提案、专题报告、社情民意信息等形式，及时向上级党委政府报告协商结果，推动协商成果转化落实。

第三节
地方政协开展"三抓三促"行动常态化机制研究

省委、省政府在全省开展的"抓学习促提升、抓执行促落实、抓效能促发展"行动（以下简称"三抓三促"行动），开启了大抓落实、大干实事的甘肃新征程，是全省政协系统围绕中心服务大局，进一步发扬政协优良传统和发挥专门协商机构作用，推动政协事业高质量发展的有力抓手和重要保障。

一、地方政协开展"三抓三促"行动的主要成效

全省部署开展"三抓三促"行动以来，各级地方政协应势而动、顺势而为，成立工作专班，研究制定方案，召开动员会议，坚持"三抓三促"行动与日常履职相结合，规定动作和自选动作相结合，动员干部职工以最快速度悟精神、最高效率领任务、最实举措求突破、最优作风抓落实，迅速掀起"三抓三促"行动热潮，推动了"三抓三促"行动在全省政协系统走深走实。一是结合政协工作特点，突出抓学习促提升，在勤学苦练中提高了履职本领。全省各级地方政协积极贯彻落实"抓学习促提升"有关要求，切实把加强学习和提升本领作为前提性基础性工作来抓，坚持做实常态学习、做好"规定动

作"、做特"自选动作",有效推动了履职能力不断提升;二是紧盯各项目标任务,突出抓执行促落实,在真抓实干中推动了任务落实。全省各级地方政协坚持以开展"三抓三促"行动为契机,认真贯彻落实习近平总书记关于加强和改进人民政协工作的重要思想,紧扣各级党委决策部署,对标对表主责主业,把"抓执行促落实"作为工作重心,细化工作措施,量化工作任务,通过"一张清单"促进工作任务落实、"领导带头"推动工作任务落实、"督查问效"倒逼工作任务落实、"健全机制"保障工作任务落实,不断提升执行力,增强落实力,强化保障力;三是把握政协性质定位,突出抓效能促发展,在服务大局中彰显了政协担当。各级地方政协紧扣政协性质定位和主责主业,突出政治协商、民主监督、参政议政三大职能,着眼地方"十四五"发展规划和各级党委政府工作部署,立足党政所需、群众所盼、政协所能、委员所长,坚持把"抓效能促发展"作为"三抓三促"行动的根本目的,围绕数字经济、乡村振兴、生态环保、社会事业、优化营商环境等热点、焦点,精准选题,深入调查,深度研究,积极献策。

二、地方政协开展"三抓三促"行动存在的突出问题

习近平总书记在党的二十大报告中强调:"我们要增强问题意识,聚焦实践遇到的新问题、改革发展稳定存在的深层次问题、人民群众急难愁盼问题、国际变局中的重大问

题、党的建设面临的突出问题，不断提出真正解决问题的新理念新思路新办法"。开展"三抓三促"行动以来，全省各级地方政协结合政协实际、结合自身实际，制定了一些有效改进措施，探索建立了一些工作机制，努力取得了一些行动成效，但与"三抓三促"行动要求和政协事业高质量发展的需要相比还存在一些问题：一是仍然把学习当软指标，方式方法不够灵活，机制不够健全，自觉学习的习惯还没有养成。有时候仅仅通过党组会议、党组理论学习中心组学习会议、主席会、常委会等会议开展集中学习，契合政协实际、具有政协特色的专题性学习谋划和开展较少；二是围绕中心服务大局履职尽责方面还有差距，工作节奏偏慢，执行落实的闭环运行机制还没有完全建立。一些工作虽有计划、有部署但没有下文没有结果，甚至无人问津；三是破解"两个薄弱"问题的方法不多，有时候对"两个薄弱"问题存有麻痹思想，认为大部分地方政协都存在此类情况，导致工作理念不够创新，成效不够明显，自身建设仍有待加强；四是地方政协数字化、信息化步伐相对缓慢。全省地方政协在推进政协工作数字化、信息化等方面认识不一、进度不一、成效更是不一。

三、建立健全地方政协开展"三抓三促"行动长效机制

立足对"三抓三促"行动的深度认识，立足省委省政府对"三抓三促"行动的更高要求，立足全省政协系统在"三抓三促"行动中的实践探索，就建立健全地方政协常态化开展"三抓三促"行动机制研究提出以下意见建议。

（一）围绕"书香政协"建设，建立健全"必须学、愿意学、自觉学"的学习机制

一是坚持建立学习管理机制，修订完善《党组中心组学习规范实施细则》《委员学习管理工作制度》《机关干部学习若干规定》等制度规定，进一步完善学习制度体系。

二是坚持"学习工作化、工作学习化"，采取小型座谈会、调研材料分析会、专题读书班、"政协大讲堂"等各种形式，强化带动联学，把学习融入政协调研、视察、提案、社情民意信息等各项工作中，使学习和工作相互促进、相得益彰，让学习成为政协干部工作过程中的良师益友和重要法宝。

三是坚持把学习纳入政协委员和机关干部年度考核范畴，采取考核、评比、表彰等措施，加强对委员和机关干部学习的管束推动。探索实行"三挂钩"机制，即学习情况与"优秀政协委员"评比挂钩、与年度公务员考核挂钩、与干部选拔任用挂钩，鼓励先进，鞭策后进。

（二）围绕服务中心大局，建立健全"调研先行、过程管控、结果问效"的落实机制

一是坚持把调查研究作为政协工作的"先手棋"，超前谋划，精心组织，夯实工作基础。作为社会主义协商民主的重要渠道和专门协商机构，应把调查研究作为"拿手戏""杀手锏"，坚持和推行"不学习不调研，不调研不协商，不协商不建言"的工作机制，精心选题、精细实施、精准建言，做到找原因和"开处方"并重，深入基层、深入实际、深入

群众，少看"庭前"、多看"屋后"，少看"窗口"、多看"角落"，切实提出更多惠民生、暖民心的务实举措，推动政协调查研究工作常态化、深入化、实效化。

二是坚持过程管控，保障执行，构建全方位督查落实机制。建立相互衔接、全程跟踪、动态管理的工作机制，聚焦上级政协安排的各项工作、地方党委交办的专题工作、年度开展的重点工作及机关日常工作，列出台账清单，明确责任领导，细化落实计划，确定完成时限，成立督查专班，强化管控推进，坚持一周一统计、每月一安排、完成再销号，形成科学的、系统的、全覆盖的落实和监督体系。

三是坚持结果导向，强化考核问效，提升工作质效。将结果作为评价地方政协内设机构年度目标任务完成情况、委员年度履职考评以及干部考核、评先评优、选拔任用的重要依据，以结果论英雄。同时科学用好考核问效这个"指挥棒"，结合"三抓三促"目标要求，优化考核指标体系，完善考核机制办法，加大考核结果运用，坚持日常掌握、季度监测、半年总结、年终考核相结合，建立"正面清单"激励、"负面清单"倒逼的考核机制，对工作落实有力、成效明显、实绩突出的直接评优，对任务不落实、工作不扎实、成效不明显的严肃追责问责，以考核定奖惩。

（三）围绕破解"两个薄弱"难题，建立健全"党建引领、力量充足、基础扎实"的保障机制

一是坚持党建引领，保障正确方向。切实发挥政协党组织的领导核心作用，坚持和完善政协党组、机关党组、机关党委、党支部"四级联动"党建工作机制，坚持和完善党组成员联系党员委员、党

员委员联系党外委员、委员联系界别群众、机关党支部对口联系其他党支部"四个联系"机制，探索创新党的建设与履职实践相得益彰、融合发展的方法路径，做实做优"党建＋履职"品牌。

二是坚持多方联动，整合发展力量。加强上下政协的沟通联系，建立联系联通联动履职机制，形成上下贯通、联动的工作体系。加强对外交流联谊，补齐短板弱项，提升工作能力。加强对委员的培训、教育、管理和监督，推行委员履职登记、履职通报、评选先进等制度措施，不断强化政协委员队伍建设。加强与各民主党派、工商联和无党派人士的经常性联系，密切同党外知识分子、非公有制经济人士、新的社会阶层人士的联络，增进认同共识，凝聚发展力量。

三是坚持多向发力，不断夯实自身建设。着力抓好制度建设，进一步修订完善政协全会、常委会、主席会等会议制度，以及委员调研视察、撰写提案、反映社情民意等政协履行职能的基本制度和政协机关开展工作的各项制度，建立健全与政协章程相配套的制度体系，有效形成"党组依规协商议政、领导依规决策行事、委员依规监督建言、机关依规开展工作"的工作机制。着力强化机关建设，加强地方政协机关干部的能力培养，经常举办"岗位练兵""技能比武""写作分享"等专题交流活动，不断提升能力素质。建好用好政协官方网站、公众号、政协书画院、政协文史馆、智慧政协等平台，增强服务保障能力。

（四）围绕建设"数字政协"，建立健全"数字赋能、平台管理、科学高效"的运行机制

一是数字赋能，推动地方政协履职智能化。充分发挥"智慧政协"作用，把协商民主的广泛性、互动性、全程性特点与数字网络的开发、互动、多平台优势相结合，实现"协商之治"与"数字之治"的融合叠加，不断推进政协履职的数字化、智能化、便捷化。

二是平台管理，提升工作信息化水平。通过平台共建、数据共用、履职共推、成果共享等统一标准，积极推进委员管理数据库、政协调研视察数据库、提案社情民意数据库、新闻宣传档案库、机关建设等基础模块搭建，及时更新工作信息，推行平台管理，建好履职"电子档案"，加快地方政协"智慧政协""数字政协"平台建设步伐，推动政协履职工作驶入信息化"快车道"。

三是打破壁垒，推动协商方式多元化。有效地将数字化改革融入调研视察、协商议政、民主监督等协商活动中，突破委员发言受地域、空间等因素限制，通过远程协商和隔空建言等方式，全面征集政协委员和界别群众的意见建议，使协商议政活动从"线下"走向"云端"，切实搭建政协委员高效便捷的履职平台，多维多元开展政协协商活动。

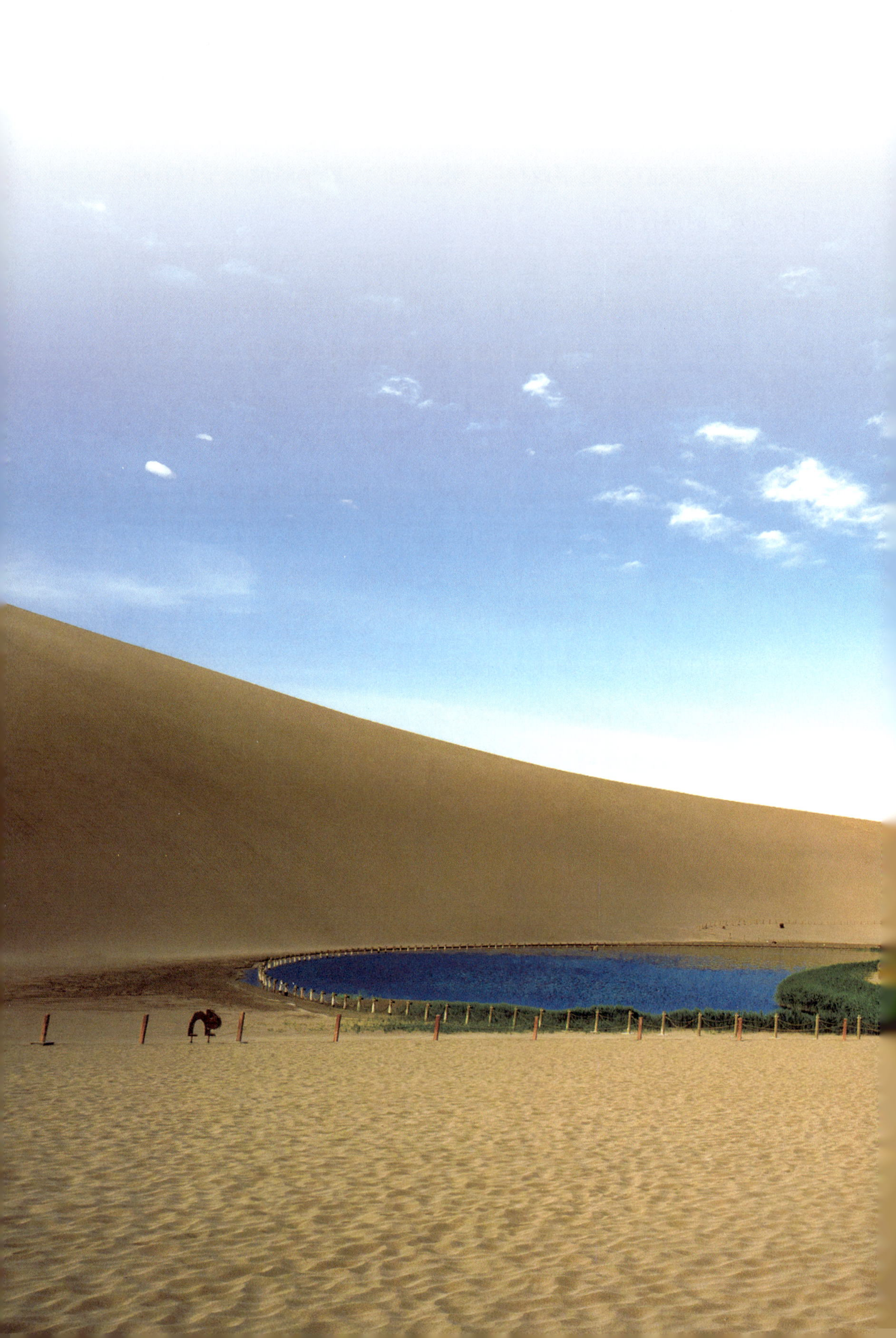

第三章

围绕党委政府重要决策部署和人民群众重要关切开展协商式监督机制研究

十三届省政协深入贯彻落实党中央决策部署，按照全国政协和甘肃省委的有关要求，积极在民主监督机制上探索创新，结合省委省政府关于开展"优化营商环境攻坚突破年"活动，经省委批准，拟对各市州和兰州新区优化营商环境工作情况开展民主监督，并制定了《关于开展营商环境民主监督的意见（试行）》。此项民主监督工作为期5年（2023年至2027年），重点对各市州和兰州新区贯彻落实省委省政府优化营商环境决策部署情况进行民主监督。围绕省委省政府营商环境工作重点，聚焦政务环境、市场环境、法治环境、创新环境、要素环境五个方面及反馈问题的整改落实情况，采取日常监督和集中监督相结合、定性与定量相结合的方法开展连续跟踪民主监督。这些做法对于提升政协民主监督的实效具有一定的创新性和示范性。

一、人民政协民主监督的知情明政机制

知情明政是民主监督职能的起始环节和重要基础。政协组织和政协委员在开展民主监督活动前和活动中，对相关政情的知晓和了

解必须要常态化、制度化、规范化。否则，知情明政就会出现盲目性、随意性，甚至流于形式。围绕知晓什么、如何知晓、怎样为知晓提供便利三个问题，明确界定知情明政的范围内容、实现途径、相关权责。

（一）知情明政的重点内容

1.法律法规规章等实施情况。主要是国家宪法、与民主监督议题相关的国家法律法规，地方性法规、规章、规范性文件等的实施情况。

2.国家方针政策和地方重要举措实施情况。主要是国家大政方针、重大改革举措、重要决策部署的贯彻执行情况；地方在政治建设、经济建设、文化建设、社会建设、生态文明建设等方面工作安排部署的落实情况。

3.发展规划、计划落实情况。主要是国民经济和社会发展规划、年度计划落实情况，财政预算执行情况等。

4.涉及人民群众切身利益的实际问题解决落实情况。主要是医疗、卫生、教育、就业、物价、食品安全、社会保障等与人民群众密切相关的急难愁盼问题的解决落实情况。

（二）知情明政的主要渠道

1.建立重点关切问题通报制度。各级政协召开常委会议、主席会议，邀请同级党委政府的有关部门就委员和群众普遍关心关注的问题进行情况通报。

2.健全完善政情通报会制度。各级政协在每年年初和年中，组织政协各参加单位的负责人和政协委员，召开政情通报会，邀请同级政府通报上半年经济社会事业发展等方面的

情况。根据年度监督工作安排，在监督活动开展前，组织召开政情通报会，邀请党委政府有关部门围绕监督主题进行情况通报。

3. 建立健全学习培训制度。各级政协围绕党和国家的大政方针、发展战略，以及地方党委政府的决策部署，组织政协委员和政协各参加单位认真学习，让他们在学习培训中更好地胸怀全局、把握大势，熟悉政策、服务中心。在民主监督活动开展前，围绕监督议题，组织相关委员认真学习党和国家重大决策部署，了解情况、把握形势、掌握政策。

4. 健全完善提案选题参考制度。各级政协在每年全国两会和本级政协全会前，召开提案知情通报会，邀请党委政府有关部门向政协委员和政协各参加单位通报本地区重点工作，就当前工作开展中的难点、热点问题与委员们深入协商交流。

5.健全完善调研视察制度。各级政协在开展调研视察特别是监督性调研视察活动中，积极争取党委政府和相关部门支持，多层次、多渠道、多方面介绍有关情况，让政协委员在调研视察中熟悉政情、了解民情。

6.健全完善外出考察制度。各级政协充分利用外出考察渠道，尽可能让更多的委员和政协参加单位参与到外出考察活动中，让他们了解"外情"、开阔视野，从而提高自身协商监督的能力和水平。

（三）为知情明政创造便利条件

1.为各民主党派、工商联更加充分地知情明政创造条件。坚持党委统战部门牵头的"多党合作与政治协商座谈会"制度，与各民主党派、工商联共同研究审定年度协商、调研、监督计划。坚持各民主党派、工商联负责人列席政协相关会议制度，参加政协年度重点调研、视察、考察、协商等活动，通过参加政协活动让他们更加广泛地知情明政。

2.为政协各界别更加充分地知情明政创造条件。各级政协应积极组织引导各界别委员在界别群众中了解情况、听取意见，把党委政府的决策部署宣传下去、把界别群众的意愿诉求收集反映上来。认真组织开展界别学习、界别活动日、界别同党政对口部门、各个不同界别之间的主题活动，积极联系党政有关部门座谈交流、介绍情况，让政协界别在参与活动中了解"上情"、掌握"下情"、反映"实情"。

3.为政协委员更加充分地知情明政创造条件。各级政协应积极争取党委政府建立信息共享机制，争取党委办公厅

（室）、政府办公厅（室）在印发会议纪要等资料时（涉密的除外），抄送同级政协办公厅（室）。政协办公厅（室）在收到资料后，及时向委员通报。加强智慧政协建设，通过政协网站、微信公众号发布相关政策和党政工作动态，为委员知情明政搭建网络查阅平台、提供信息资料。

二、人民政协民主监督的沟通协调机制

人民政协民主监督的沟通协调机制（亦即协调落实机制）就是指加强人民政协与党委、政府以及被监督对象（党委政府部门）之间事前沟通、事中协调、事后联系工作联结机制，与相关方面进行充分的沟通、高效的协调，是推动人民政协民主监督活动有力、有序、有效开展的重要保障。

（一）人民政协民主监督的事前沟通

1. 建立民主监督议题征集机制。通过书面议题征集表、面对面听取意见、网络平台征集等形式，重点听取党委政府领导同志、政协委员和社会各界人士，对政协民主监督工作的意见建议。根据征求到的意见建议，把指向明确、重点突出、问题聚焦的涉及党委政府重要工作部署、重大政策举措、重点项目工程的问题，初步纳入政协民主监督工作的范围。

2. 建立同级党委政府与政协的定期会商制度。建立政协办公厅（室）与党委办公厅（室）、政府办公厅（室）定期会商机制，紧扣党委、政府中心工作、重点部署、重大项目或工程等，联合协商、统筹协调政协民主监督议题、工作安排、监督目标等重要问题。

3. 完善年度民主监督计划形成机制。聚焦党委政府中心工作、

民生热点难点问题，政协办公厅（室）应在充分征求、梳理各方面意见建议的基础上，紧扣党委重要部署、政府重点工作、群众重大关切，参照党委年度工作要点、政府工作安排等，合理选择、审慎确定监督议题，制定年度民主监督工作计划初稿。

政协办公厅（室）在制定年度民主监督工作计划后，应及时邀请党委办公厅（室）、政府办公厅（室），对所选择监督议题进行充分的沟通、协商和评估，一同协商确定监督议题、工作安排、目标要求等，以便于把政协民主监督纳入党委工作总体部署，与政府工作安排保持同向同步，确保政协民主监督在党委集中统一领导下、政府有力支持下顺利开展。

（二）人民政协民主监督的事中协调

1.建立人民政协民主监督提前告知工作机制。人民政协办公厅（室）每年在将年度民主监督工作安排印发同级各民主党派和工商联、政协各专门委员会和工作部门、下一级人民政协组织和同级政协委员，报送同级党委政府办公厅（室）的同时，应分议题形成专门的告知文件，把民主监督的内容、工作安排以及需要协助配合的工作等，提前告知民主监督所涉及的同级党委政府相关部门，以便同步做好政协民主监督工作的筹划和准备工作，保障民主监督工作的开展。

2.完善政协民主监督工作的协调配合机制。政协民主监督工作是一项纳入党委政府年度整体工作部署的全局性工作，不仅仅涉及政协履职的单一、孤立的特定工作，而是需要包括党委政府协调一致、同步配合、合力推进的一项综合性工作。因此，在政协民主监督工作开展过程中，应加强与同级党委政府办公厅（室）的综合协调，应加强与民主监督议题所涉及党委政府部门的工作协调，及时协调各方面力量和资源，共同做好政协民主监督工作的准备、组织和实施等工作，以便于民主监督工作的有效开展。

3. 协调做好政协民主监督工作的组织实施。人民政协应加强与同级党委政府的工作协调，听取同级党委政府的工作建议，由政协牵头，邀请同级党委政府有关部门人员、同级民主党派和工商联人员、政协委员和相关专家学者等，共同组成民主监督工作小组，具体负责做好相关民主监督议题的组织实施。及时召开民主监督工作实施前工作座谈会，听取民主监督议题所涉及的同级党委政府部门解读党中央、国务院和同级党委政府相关政策措施和工作部署，介绍工作推进落实的整体情况，协商确定民主监督的具体工作方式。

（三）人民政协民主监督的事后联系

做好政协民主监督工作，是一项系统性的工程、专业性较强的课题、需要持续性推进的项目。既要制定好民主监督计划、组织开展好民主监督活动，更要跟踪推动、转化落实好民主监督成果，并非简单地将民主监督结果一报了之。因此，在政协民主监督工作中加强与党政部门的经常性联系、跟进性互动，是解决政协民主监督成果转化落实"最后一公里"问题的必然要求。

人民政协民主监督的事后联系，主要包括：一是加强政协办公厅（室）与党委政府办公厅（室）和党委政府督查室的联系，跟踪推动政协民主监督成果的督办落实（详见办理反馈机制部分）。二是加强政协专门委员会与党政对口部门的经常性联系。

牵头承担政协民主监督工作的政协专门委员会,要在政协民主监督建议报送后,加强与党政部门沟通联系,及时跟踪建议办理进展。相应的办理单位应及时以书面、会议通报等形式反馈政协民主监督意见办理、采纳和落实情况。

三、人民政协民主监督的办理反馈机制

民主监督意见的办理反馈是整个民主监督过程的核心和关键环节。人民政协民主监督的办理反馈情况如何,关系民主监督成果落实的效果,也直接影响着政协委员履职建言的积极性和实效性。

（一）建立办理机制

1.建立报送机制。根据监督活动的形式、范围,确定民主监督成果以什么形式报送,报送给谁。政协委员会、常委会议、主席会议提出的意见、建议和批评,以政协委员会正式文件分别报送党委、政府。专门委员会、政协参加单位提出的民主监督意见建议,委员反映的社情民意信息,以政协办公厅(室)正式文件形式报送党委、政府办公厅(室)。

2.建立受理机制。政协报送党委和党委办公厅(室)、政府和政府办公厅(室)的民主监督意见建议,由党委、政府办公厅(室)根据内容,呈报党政主要领导或分管领导阅批。

3.建立交办机制。合理确定办理单位,取决于党委、政府的认定。党委、政府负责同志对有关部门落实民主监督意见建议有明确要求的,由党委、政府办公厅(室)根据领导

阅批意见，提出办理责任单位和要求，明确谁来办、谁主办、谁协办，同政协民主监督的意见建议一并转交有关部门办理或参阅。

4.建立分类办理机制。承办单位对党委、政府交办的政协民主监督意见建议，有条件解决的，应及时研究、尽快解决；因客观条件限制、暂时难以解决的，应创造条件、逐步解决，同时向交办单位说明情况。

（二）建立反馈机制

1.建立办理反馈机制。中共中央办公厅《关于加强和改进人民政协民主监督工作的意见》明确提出，"办理单位应及时以书面、会议通报等形式反馈政协民主监督意见办理、采纳和落实情况"。在接到政协民主监督意见建议党委、政府领导批阅件后，由党委、政府办公厅（室）以书面形式向政协办公厅（室）反馈领导批示和交办意见。办理完毕后，由党委、政府办公厅（室）以正式文件形式函告政协办公厅（室）。

2.建立督查反馈机制。政协或政协办公厅（室）可邀请党委、政府办公厅（室）对办理工作进行督查，督促承办单位认真办理、落实。同时，政协也可以通过回访调研等形式，对重点监督事项和在一定时限内未反馈的监督意见建议进行跟踪督办，进一步协商沟通、凝聚共识、推动落实，并将督办结果书面反馈党委办公厅（室）或政府办公厅（室）。

3.建立结果反馈机制。根据党委、政府办公厅（室）办理情况通报和办理单位回复情况，政协及时将办理回复情况通报参加监督的有关单位和政协委员。同时，若参加监督的有关单位和政协委员对办理结果提出异议或不满意，可提请政协主席会议研究，必要时可要求办理单位重新研究办理并反馈。

（三）建立激励机制

1.建立督促成果转化机制。监督成果转化是民主监督的最终落脚点。政协根据党委、政府办公厅（室）办理反馈情况，可适时邀请党委、政府办公厅（室）和相关单位、政协委员定期不定期对办理工作进度和质量进行抽查，特别是对办理单位正在解决或列入计划解决的事项进行跟踪检查，推动政协民主监督意见建议落地见效。

2.建立成果办理通报机制。在每年政协全体会议前的常委会议上，邀请党委、政府分管领导，对全年办理政协提出的民主监督意见建议情况进行通报。

3.建立评价激励机制。建立健全政协委员履职档案，做好委员参加政协有关民主监督会议、培训、活动，提出监督意见建议等情况的统计、收集、整理，制定完善可行的考核、评比、表彰制度，并根据政协委员开展民主监督工作情况进行定性和定量评估，评估结果可作为委员履职评议的重要内容或参评"优秀政协委员"的必要条件。同时，在每年的政协全体会议上，政协可对民主监督工作中履职积极性高、工作成效突出、作出有益贡献的政协委员，以及自觉接受政协监督、虚心采纳委员意见、积极改进工作的党政部门，采取适当形式予以表彰奖励。

四、人民政协民主监督的权益保障机制

民主监督作为人民政协的主要职能，融协商、监督、参

与、合作为一体，真实体现了全过程人民民主的监督与反馈环节。权益保障作为政协民主监督的核心环节和必要保障，是保证政协委员敢监督、真监督，监督真、监督好的重要前提。只有不断建立健全权益保障的制度机制，并使之贯穿整个民主监督过程始终，才能持续有效提升人民政协民主监督的影响力和执行力，更好彰显全过程人民民主的独特优势。

（一）明确委员参加政协民主监督的基本权益

1.尊重和保障委员的知情权。政协委员对于党委、政府及有关方面涉及经济社会领域的重大、突出问题，或者与群众切身利益息息相关的全局性问题，国家机关及其工作人员的遵纪守法情况，特别是工作中存在问题、主要困难和薄弱环节等，可通过列席会议、情况通报、审阅材料等形式进行全面了解、详细掌握。人民政协应组织委员学习党和国家大政方针、重大改革决策、重要决策部署，加强与党委、政府及其相关部门的沟通协调，组织有关方面认真做好材料准备、实地监督等事宜，为委员查阅资料、走访座谈提供便利，帮助委员了解情况、把握形势、掌握政策。

2.尊重和保障委员的参与权。"政协民主监督是在坚持中国共产党的领导、坚持中国特色社会主义基础上，参加人民政协的各党派团体和各族各界人士在政协组织的各种活动中，依据政协章程，以提出意见、批评、建议的方式进行的协商式监督。"委员是政协工作的主体。发挥好政协协商式监督的作用，关键要靠广大委员的积极参与和努力。人民政协在组织实施民主监督活动中，"应进一步发挥界别委员的优势和作用，根据监督议题情况，选好委员队伍，有意识地增加业务型委员比例，也可邀请相关领域的专家学者参与"，开展视察监督，参与协商对话，进行决策咨询，引导委员和被监督方平等交流、双向互动，协以求同、商以成事，既为党委、政府科学民主决策提供了客观依据和民意基础，也体现了保障政协委员在民主协商、民主决策、民主监督中的参与权。

3. 尊重和保障委员的表达权。《中共中央关于坚持和完善中国共产党领导的多党合作和政治协商制度的意见》中第四部分第16条指出，"在政协的各种会议上，要切实保障政协委员提出批评的自由和发表不同意见的自由。"《政协全国委员会关于政治协商、民主监督、参政议政的规定》第九条指出，"政协委员的民主权利应受到保护。在政协的各种会议上，各种意见都可以发表。"地方政协组织应大力营造支持委员秉公直言、敢于监督的民主环境，引导委员用好话语权和影响力，在政协全体会议、常委会会议、专题协商会、协商座谈会、专家协商会等协商平台上讲真话、进诤言，"努力做到知无不言、言无不尽，而不应言不由衷、言不及义"，"形成既畅所欲言、各抒己见，又理性有度、合法依章的良好协商氛围"。

4. 尊重和保障委员的监督权。习近平总书记指出，"要发挥寓监督于协商之中的优势，围绕一些焦点难点问题开展协商式监督，推动党中央相关决策部署落实落地。""专门协商机构作为非权力机关的性质定位，决定了政协民主监督具有的是政治影响力而不是强制性的约束力，属于柔性监督而不是刚性监督，发挥作用不是靠说了算、而是靠说得对"。

"政协民主监督是寓于协商之中的，寓监督于会议、视察、提案、专题调研、大会发言、社情民意信息等工作之中。"人民政协应"尊重和保障委员的民主权利，坚持不打棍子、不扣帽子、不抓辫子，广开言路、畅所欲言，让各界人士、各方面的愿望呼声、意见建议在政协平台上得到充分反映、全面表达"，引导委员秉持公心愿监督、直言不讳真监督、有理有据善监督。

（二）落实维护委员民主监督权利的措施办法

1.把维护委员民主监督权利贯穿于政协工作中。人民政协应引导委员积极参加各类协商会议，与党委、政府领导和有关方面负责同志近距离交流、面对面协商，直击热点、直面问题、直接商榷、直线监督，以协商的方式提出意见、批评、建议，在沟通交流中增进相互理解、凝聚思想共识、研究对策思路、推动改进工作。

政协应组织委员就党委、政府及相关部门工作中某个或某方面问题开展监督调研、监督视察、民主评议、作风评议等，通过大量深入的调查研究、反复深度的协商交流，努力发现和提出问题，针对存在不足提出有根据、有道理、有指向的监督性意见或建议。

政协应支持或组织委员聚焦党委政府工作重点、群众生产生活难点、社会治理焦点等，深入基层一线、认真调研监督，积极撰写提案、反映社情民意信息，特别是对一些尚不明显的潜在性问题，及时作出前瞻性分析，提出有深度、有价值、可操作的意见或建议。

2.把维护委员民主监督权利体现到履职各环节。人民政协在根据党委、政府交办任务，或征求党政相关部门、政协各参加单位、各专门委员会等方面意见的基础上提出民主监督议题的同时，应广泛征求政协委员的意见，引导委员每年结合履职实践提出若干监督议题，不断提高选题的针对性、精准性。

政协在组织民主监督活动时，应坚持调研于监督之前，向委员提供相关资料，邀请党政相关部门通报情况，帮助委员广泛知情、深度知情、准确知情；对重点监督活动，应由主席会议成员牵头负责，突出政协委员主体，组织相关领域委员开展监督，并把互动作为监督的必要环节，组织相关方面与委员积极协商讨论，就委员关心关注的问题及时作出回应。

政协应在尽量保持原汁原味的前提下，对委员民主监督提出的意见、批评、建议及时进行梳理汇总，并形成民主监督意见书，或综合运用提案、建议案、大会发言、社情民意信息等形式，向党委、政府及其相关部门报送监督意见。

政协应对报送的监督意见加强跟踪会商，争取党委、政府及相关部门认真研究处理委员的监督意见、批评和建议，联合有关方面并邀请相关政协委员参与，对党委、政府领导批示研办的监督意见进行督查，并将办理、采纳和落实情况以书面、会议通报等形式告知委员个人。例如：在突出协商式监督特点、组织开展民主监督活动过程中，甘肃省政协借鉴全国政协有关做法，注重与广大政协委员、有关部门单位等方面的沟通协商，逐渐形成"提出监督议题—开展民主监督—提出监督意见—反馈办理情况"的工作闭环，取得了同心同向同力推动工作落实的效果。

3. 把维护委员民主监督权利落实到各级各方面。人民政协应积极争取同级党委对政协民主监督工作的重视和支持，纳入党委工作总体部署，定期听取工作情况汇报，自觉接受、积极支持和保证人民政协依章程进行民主监督，认真倾听委员的意见、批评和建议，并将监督结果纳入工作督查范围，督促有关方面办理监督意见；健全支持政协民主监督的制度体系，将党政部门接受和支持政协民主监督情况纳入年度考核，将支持和保障委员监督权利作为党纪规定纳入党的纪律和制度建设，促使党政部门真正重视政协监督、保障委员权利；完善政协委员提名推荐制度，"改进委员产生机制，真正把代表性强、议政水平高、群众认可、德才兼备的优秀人士吸收到委员队伍中来"，不断提高政协民主监督工作的专业化水平；加强对各级党政领导干部的培训教育，提高对政协民主监督的政治内涵和重要作用的认识，增强接受监督的自觉性和主动性。

政协应积极争取同级政府及其相关部门主动接受、支持配合政协民主监督，定期通报经济运行和社会发展情况，为政协委员知情明政提供便利，使委员开展监督言之有据、言之有理、言之有度；建立委员反映情况直通车，重视政协民主监督意见的交办督办、跟踪落实、反馈报告等，推行政府领导牵头督办重要监督意见落实反馈制度；将政协民主监督工作经费列入本级财政预算，支持政协组织和委员履行职能。

政协应发挥好党组领导作用，把握好监督节奏和力度，研究监督工作中的重要事项，及时向同级党委报告监督工作进展情况和遇到的重大问题，做到开展监督有计划、有题目、有载体、有成效；加强与党委、政府及相关方面的联系，为委员履职搭建平台和载体、创造机会和条件，推荐相关委员担任特邀监督员、监察员、督导员等，通过增强委员的自豪感提升监督的主动性；加强对委员的学习培训和履职管理，引导委员"学习掌握相关方针政策和专业知识，研究思考政协监督的特点规律、方法途径等，提升专业水准，提高建言'靶向性'，把开展监督的时、度、效统一起来，把督问题、督过程、督作风、督成效结合起来"，着力提升履职能力，强化责任担当；坚持"团结—批评—团结"公式，提倡热烈而不对立的讨论、真诚而不敷衍的交流、尖锐而不极端的批评，创造"言者无罪、闻者足戒，有则改之、无则加勉"的监督环境。

（三）健全保护政协民主监督权益的制度机制

1.制定完善权益保障制度。贯彻中共中央办公厅《关于加强和改进人民政协民主监督工作的意见》要求，研究制定加强政协民主监督工作的具体制度或实施细则，就监督的目标、内容、范围、形式、程序，以及对监督意见的落实、反馈以及成果运用等提出程序化、可操作性的标准规范，明确监督主客体各自应遵守的准则、权利、义务等，细化监督机构的职能权限、职责范围、工作程序等，确保政协民主监督有章可循、有规可依。建立政协民主监督建言保护机制，确保委员进行正常的民主监督和发表意见、批评、建议时，免受干扰和侵害。

2.建立健全考核评价机制。健全政协委员履职档案，做好委员参加政协民主监督活动、提出监督意见建议等情况的统计、收集、整理，在进一步明确监督行为、质量和效果考评标准的基础上，建立由多元化考核主体参与的、定期考核和不定期考核相结合的考核评价机制，评估结果可作为委员履职评议的重要内容或参评"优秀政协委员"的必要条件。在每年的政协全体会议上，政协可对民主监督工作中履职积极性高、工作成效突出、作出有益贡献的委员，以及自觉接受政协监督、虚心采纳委员意见、积极改进工作的党政部门予以表彰奖励，对履职不够积极、监督能力不强的视情给予通报，形成鼓励先进、鞭策后进的导向作用。

3. 适时出台民主监督法规。将人民政协民主监督纳入法治化、规范化轨道，鼓励各级地方政协积极探索实践，总结有益经验，在条件成熟时，可在中共中央办公厅《关于加强和改进人民政协民主监督工作的意见》基础上，研究制定政协民主监督的具体实施意见，有条件的地方可探索建立相应法规，将政协民主监督工作纳入法治化轨道，除明确政协民主监督的对象、内容、性质、形式和程序等制度性规则外，还应明确不同监督形式的范围和步骤等程序性规范，具体细化各种监督形式的落实和反馈，特别应建立对监督客体的追责机制，明确对于阻挠政协委员参加民主监督，甚至进行压制、打击和报复的，应视为侵权行为，依纪依法追究责任，从而从法律法规层面免除委员履职的后顾之忧，保障其行使民主监督的权利，引导和支持委员敢于监督、善于监督、依法监督、有效监督，从根本上确保政协民主监督的合法性、有效性和权威性。

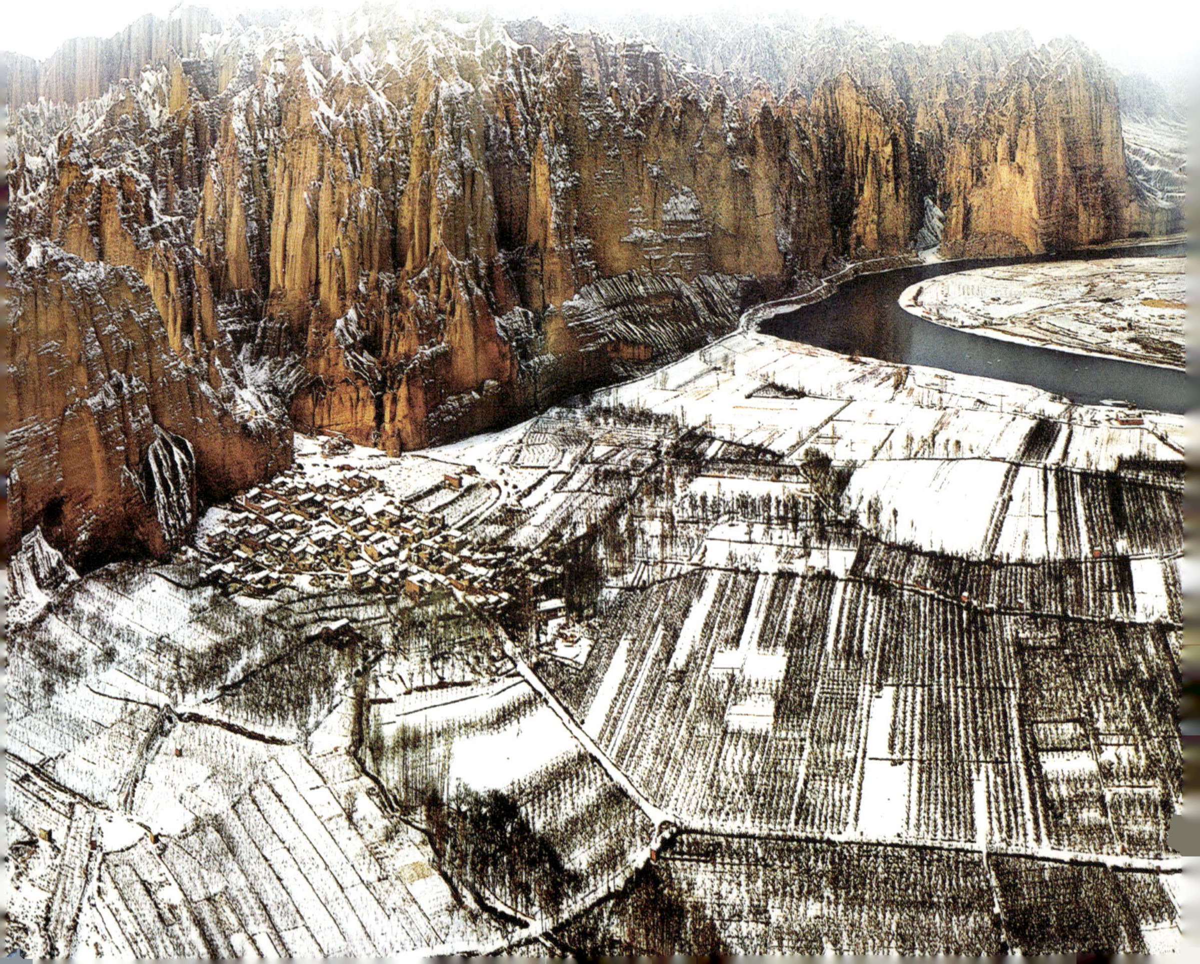

第四章

地方政协彰显新型政党制度优势实践路径研究

人民政协作为实行新型政党制度的重要政治形式和组织形式，为党派团体制度化参与国家治理、推动决策科学化民主化提供了重要平台，充分彰显了我国新型政党制度的特色优势。

一、地方政协彰显新型政党制度优势的实践探索

（一）中国共产党的坚强领导是地方政协彰显新型政党制度优势的根本政治保证

长期以来，中国共产党同各民主党派风雨同舟、肝胆相照，建立了具有中国特色的新型政党制度，在革命、建设、改革、发展的过程中发挥了重要作用。党的十八大以来，以习近平同志为核心的党中央加强对多党合作事业的全面领导，制定出台了一系列重要法规文件，为新时代人民政协更好彰显新型政党制度优势提供了有力指导。

（二）社会主义协商民主是地方政协彰显新型政党制度优势的重要基础

近年来，各级政协深入贯彻落实习近平总书记关于加强和改进

人民政协工作的重要思想，推进基层协商民主广泛多层制度化发展。定西市政协先后围绕传统文化元素融入城市公园建设、马铃薯种子种业发展、中药材深加工、金融服务强工业行动等课题开展54场次的协商活动。市县区政协建立"政协委员联络工作室"70多个，协商议事室1460个，有效发挥了宣传政策、化解矛盾、理顺情绪、增进团结的重要作用。

（三）发挥党派团体参政议政作用是地方政协彰显新型政党制度优势的内在要求

各党派团体在中国共产党的领导下，不断提高参政议政能力，从内容、形式、程序和机制等方面作出规定，为各民主党派和无党派人士在国家政治生活中更好履行职能提供了重要保障。近十年来，定西市各民主党派提交提案354件，反映社情民意信息266条，大会发言73次，参与调研视察活动39场次，下沉基层开展协商活动640场次，在促进地方经济社会高质量发展中贡献智慧和力量。

二、地方政协在彰显新型政党制度优势中存在的问题

（一）提案质量和办理方面

一是提案质量不够高。有的提案没有紧扣当地经济社会发展关键环节和重点问题，缺乏全局性和前瞻性；有的提案建议脱离实际、内容空洞，缺乏针对性和可操作性；委员个人提案多、集体提案少，大会提案多、平时提案少；涉及综合部门的提案扎堆、办理任务繁重。

二是办理提案不认真。少数承办单位对提案办理不够重视，安排部署不到位，工作要求不严格，办理中与委员沟通不够，存在重答复轻办理的问题；当提案办理涉及多个承办单位时，主办单位与协办单位之间不进行充分协商和有效沟通，"主办意识"强、"协办意识"差。

三是制度机制不健全。提案"宽进严出、分层把关"的审查立案机制不健全，落实不到位；基层政协大都还没有制定提案办理标准，承办单位缺乏统一遵循，提案办理的规范化、标准化水平不高；提案分层督办机制各地还在探索之中，督办力度差异较大；有的地方还未将承办情况纳入党政督查机构的督查范围，跟踪督办、监督考核、追责问效不到位。

（二）社情民意信息方面

一是反映问题不聚焦。知情明政渠道不够畅通、政策理论学习不够到位、调查研究不够深入，对社会热点难点问题和群众急难愁盼问题抓得不准、思考不深，反映的问题内容空洞，所提建议有的难以操作，对推动工作参考价值不高。信息收集渠道较窄，能够反映基层民情民意的高质量信息较少。

二是主体作用未发挥。政协委员、信息员和特邀信息员、各党派团体履职热情不高，撰写社情民意信息不够积极主动；委员履职考评缺乏有效办法和措施，激励机制不健全、效果不明显，撰写社情民意信息不够自觉经常；信息员与特邀信息员准入、准出标准不够明确，很难聘请到高层次人才，信息员队伍建设滞后。

三是办理落实不规范。缺乏制度支撑，社情民意信息办理、落实、反馈存在较大随意性和不确定性，一直处于"可批可不批、可办可不办"的现状，跟踪问效不够。

（三）调查研究方面

一是前期准备不扎实。选题多而泛，聚焦不够精准，与中心工作贴合不紧，与群众关心关注的热点难点问题契合度不高。前期研究不深入，调研方案设计不细致，调研提纲、方向、重点问题不明晰，针对性、操作性不强。

二是调查方式不务实。调研方式单一固化，穿透式、沉浸式、解剖麻雀式调研运用不多；"四不两直"调研少，提前发通知、打招呼成为习惯；盆景式调研多，到困难大、群众意见集中、工作打不开局面的地方调研少，很难听到来自最基层的呼声、看到最真实的情况、发现深层次的问题。

三是研究合力不够强。市县政协调研基本以专委会为主开展。特别是县区政协两个薄弱的问题没有得到很好解决，"一委一人"现象普遍存在。专委会主任大都为从职能部门转任到政协，年龄普遍偏大、工作热情不高；年轻干部受个人工作阅历、实践经验、专业知识、政策水平限制，发现问题、分析问题、研究问题能力不强；委员参与面不广、参与度不深，团队合力聚合不够，调研报告质量不高。

（四）履职成果转化运用方面

一是缺乏科学的评价机制。地方政协受制于委员、干部个人能力，缺乏深度的调查研究，对问题的分析研判缺乏有效的数据、案例、问卷支撑，成果大多与中心工作和民生问题贴得不紧，前瞻性、针对性不高。缺乏有效的管控措施和科学的评价机制，难以准确评判和保证履职成果质量，成果转化运用的实效大都不够理想。

二是缺乏有效的转化机制。地方党委政府对政协履职成果的转化运用还没有出台相应的制度、形成成熟的机制，成果的转化运用往往停留在领导批示环节；地方政协对提案外其他履职成果的转化办理也缺少规范化的制度安排，尚未建立有效的跟踪问效和监督反馈机制。

三是缺乏严格的督办机制。缺乏制度支撑，地方政协很难对成果的转化运用情况进行跟踪问效，往往将履职成果报送党委政府作为履职活动的"终点"，把获得党政主要领导的批示作为履职的"成果"。承办单位在办理中也很少与政协沟通联系、征求委员意见，落实情况很少向政协反馈，政协对转化运用效果难以客观准确评价。

（五）党派团体作用发挥方面

一是知情渠道不畅通。党派团体与党委政府之间缺乏制度化、规范化、经常性的互动交流平台，难以及时、全面、准确掌握政情信息，所提意见建议存在围绕中心不够，前瞻性、针对性、操作性不强等问题。

二是履职成效不够突出。省市县党派团体委员参与政协履职活动的比例、履职成果的质量均呈逐级递减趋势，市县党派团体的作用发挥相较省级党派团体还十分有限，团队的专业优势和成员的个人智慧尚未完全释放。

三、建立健全地方政协彰显新型政党制度优势机制

（一）要完善优化提案审查督办机制

1. 优化审查立案制度。建立提案"宽进严出、分层把关"的协商

审查立案机制，进一步细化审查标准、规范审查程序、提高立案门槛，严把提案质量。

2.制定办理操作规范。要结合工作实际，制定出台具有普遍指导作用、易于规范操作的提案办理标准，明确交、办、督、复、评各环节具体标准，为承办单位规范办理提案提供基本遵循，推动政协提案工作高质量发展。

3.完善督办督查机制。将少量事关经济社会发展全局和群众关注难点问题且办理难度大的提案归为重大提案，由党政主要领导牵头督办；将部分涉及经济社会发展大局和一些涉及面广、办理难度较大的提案归为重点提案，由政协领导牵头督办；将部分涉及相关群体共同关注的某一领域问题的提案归为重要提案，由政协提案委、业务相关专委会与党派团体联合督办；提案委要联合专委会、党派团体、基层政协，加大对大量普通提案的联合督办力度，推动解决更多问题；建立"提案办理+纪检监督"督办新模式，对提案办理进展缓慢、举措不力、答复敷衍的单位和办理质量不高、测评满意度低的提案，邀请纪委监委派驻纪检监察组开展监督督办，确保群众关注的急难愁盼问题得到有效解决。

4.建立高质量提案策划、培育、征集机制。聚合全省政协系统力量，建立重点提案、集体提案策划、培育、征集等机制，着力打造向全国政协报送的高质量提案（市县政协联合策划、征集向省政协报送的高质量提案），助推相关工作更多进入国家战略或区域发展规划。

（二）要健全完善社情民意信息反映机制

1.健全全方位信息收集机制。进一步巩固拓展政协协商向基层延伸工作成效，努力实现"政协委员工作站"在乡镇（街道）、"协商议事室"在村（社区）的全覆盖，"委员联络工作室"对所有政协委员的全覆盖，为全方位、多渠道收集社情民意信息搭建平台。

2.完善全过程激励约束机制。通过有效的制度约束和激励机制，把政协委员作为反映社情民意的主要力量，把政协各参加单位、专委会作为反映社情民意的重要团体，激发各方潜力，充分调动积极性和主动性；健全完善信息员和特邀信息员选配管理办法，聘请党政职能部门及政协参加单位中热心参政议政且具有一定能力的代表人士组建特邀信息员队伍，扩充壮大新生力量，有效拓展社情民意信息收集反映渠道。

（三）要建立健全调查研究工作机制

1.建立科学精准的选题机制。遵循党政所需、群众所盼、政协所能原则，坚持问题导向，围绕中心工作，聚焦群众最关心最直接最现实的利益问题选题。建立广泛征求党政领导和部门负责人、党派团体及专业人士的定向调研课题征求意见机制，逐步构建形成"党政出题、协商定题、政协做题"的选题机制。

2.建立务实高效的调查机制。综合运用各类调查方式，充分运用现代信息技术开展调查，提高调查的科学性和实效性；采取"四不两直"方式，突出重点、直奔现场调查，防止走过场、不深入；善于"问政于民、问计于民"，深入群众当中了解烦心事操心事揪心事，准确发现和查找工作中的差距不足，对一些大事要事可采取蹲点和持续调查方式推动问题得到真正解决。

3.建立集合众智的研究机制。在每届政协成立时，将不同界别的委员按照专业相近原则归入相应专委会管理，专委会细化研究方向并结合委员专业特长，组建由委员、党派团体成员和专委会人员共同组成的不同方向的研究团队，在任期内相对固定并形成稳定长效的工作机制。

（四）要建立健全履职成果转化运行机制

1.建立成熟稳固的保障机制。地方党委每年至少听取一次同级政协党组专题工作汇报，重点听取政协年度工作要点和调研协商计划，研究确定调研协商议题；党政负责同志要坚持参加政协委员发言的会议，听取委员意见建议。地方政府要根据同级政协常委会协商议政需要派相关领导到会通报相关情况，拓宽委员知情明政渠道。

2.建立高效便捷的交办机制。建立履职成果固定的交办机制，以制度的形式规范成果的报送主体、报送范围、报送方式、处理方式等，办理的主体、方式、时限、责任等，规范和保障履职成果高效转化运用。

3.建立分工协作的督办机制。明确党委、政府、政协在政协履职成果转化落实中协同监督的职责分工，构建各有侧重、各司其职的监督体系，建立三方协同监督机制。

4.建立客观及时的反馈机制。建立统一、规范、公开、透明的跟踪反馈机制，以制度的形式明确跟踪反馈的主体、方式、内容、责任，规范和保障成果转化运用情况得到客观及时反馈。

（五）要健全完善党派团体作用发挥机制

1.健全沟通联系机制。健全党政领导分工联系民主党派、党政部门对口联系民主党派工作机制，确保党委、政府领导走访民主党派、与民主党派成员谈心交友成为经常，党派团体与党政部门之间的沟通联络、信息互通成为常态。

2.完善保障支持机制。地方政协要联合党委制定统一规定，加大对党派团体参加政协履职活动的支持保障力度；健全党派团体与政协联席会议制度，完善政协专委会与党派团体的对口联系制度，加强互动交流，提高参政议政实效。

四、地方政协彰显新型政党制度优势的对策建议

（一）高度重视市县区政协岗位设置和人员配备

省级层面出台制度文件，从根本上解决市县区政协机构编制、岗位设置和人员配备中的历史遗留问题和不合理现象，真正解决普遍存在的"一委一人"问题，为地方政协工作高质量发展奠定基础。

（二）建立"一带一路"沿线省区政协协作机制

利用甘肃地缘优势，建立甘、陕、宁、青、新、川、蒙七省区政协以联席会议、主席座谈会议等制度助推共建"一带一路"和"西部陆海新通道"高质量一体化发展政协智库联盟、参政议政协作机制。建立"一带一路"学习调研考察制度，寻找合作机遇，挖掘合作潜力，增进交流协作，助力经济社会高质量发展。

（三）合力加强成果转化运用跟踪监督

党政督查机构要将政协履职成果转化运用情况纳入督查内容，强化跟踪督查；地方政协要对履职成果所提出的主要观点、重要建

议的办理落实情况及时组织委员通过视察进行民主监督；对一些具有前瞻性履职成果的转化运用情况要充分利用各类官方媒体进行宣传报道，努力实现履职成果转化效果的最大化、最优化。

（四）认真落实民主党派政治待遇

按照《中国共产党统一战线工作条例》要求，民主党派成员和无党派人士在政协委员、常委和政协领导班子中应占有一定比例，政协各专委会要有民主党派和无党派人士参加；选拔综合素质较高的党外人士到政府部门任职，深度参与政府工作，提高参政议政能力。

（五）稳步提升地方政协工作信息化水平

省政协要牵头开发建设省市县三级政协统一适用、上下联通的信息平台，逐步建成覆盖各级政协、政协委员和党派团体的集信息发布、学习交流、经验分享、提案收集办理、社情民意信息收集反映的融合网络应用平台，并与党政网络平台联通，加强工作互动，提升工作效率，提高提案和社情民意信息收集办理时效。

第一节
更好发挥党派团体在政协中的作用实践路径研究

党派团体是人民政协的重要参加单位和重要组成部分。进一步发挥好各党派团体在人民政协中的作用，是彰显我国新型政党制度特点和优势、充分发挥人民政协统一战线组织功能作用和深入实践全过程人民民主的必然要求。

一、党派团体在地方政协履职的基本现状

（一）力量不断壮大

随着党派团体自身的发展，党派团体政协委员人数持续上升，在政协中履职的力量也不断壮大。2013年，甘肃省政协委员总数590人。其中党派委员159人，占26.9%，团体53人，占8.98%；定西市政协委员299人。其中党派委员50人，占16.72%，团体24人，占8.0%；定西市各县区党派委员占8.36%，团体占2.1%。到2023年，省政协504名委员中，党派委员148人，占比上升到29.4%；定西市3个民主党派（民革、民盟、民进）市政协委员由2013年的28人增加到40人，增加了42.9%，副主席由2人增加到了4人，增加了50%；县区政协党派委员数量也有了稳步提升。

党派政协委员数据分析图

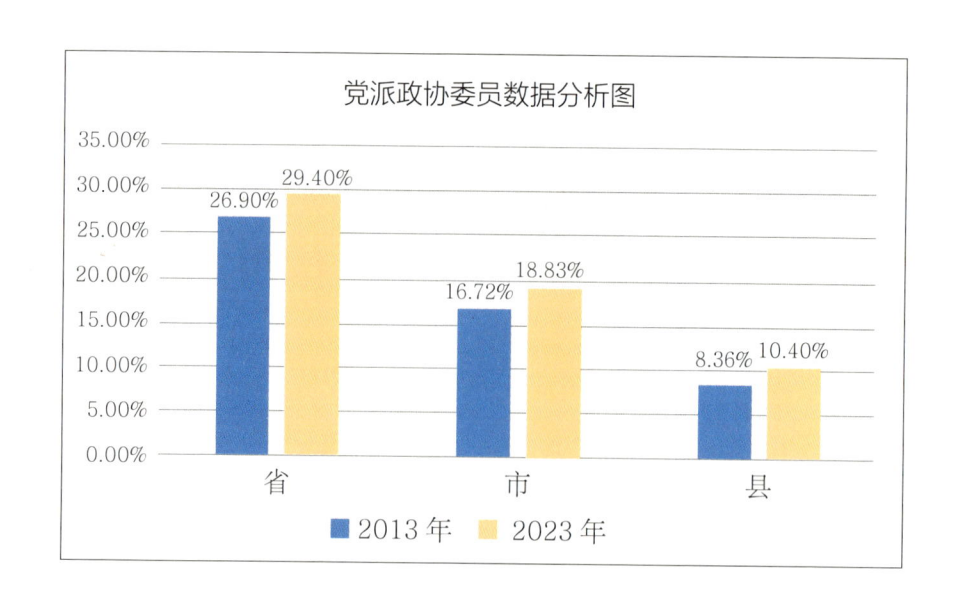

	省	市	县
2013年	26.90%	16.72%	8.36%
2023年	29.40%	18.83%	10.40%

（二）履职途径不断拓展

除了通过提案、大会发言、视察调研、反映社情民意信息等传统途径履职外，随着协商民主制度建设的进一步加强，政协协商、基层协商为党派团体在地方政协履职提供了新平台，拓宽了新渠道。到2023年，省政协共召开专题协商座谈会83场次。其中省级各党派团体发言62次，占发言总数的75%。14个市州都开展了专题协商。随着政协协商向基层延伸，党派团体在地方政协履职的途径更加多样、内容更加丰富，作用更加凸显。定西市开展"一碗烩菜办丧事""'临'距离协商""通事商"等基层协商4320场次，党派团体政协委员参加640场次，成为党委政府加强基层治理的有力助手。

（三）履职成效不断提升

一是提案数量不断增加。省级三个民主党派（民革、民盟、民进）2011—2016 年提交省政协提案 658 件，2017—2022 年 666 件，增长了 1.2%；定西市级三个民主党派 2011—2016 年提交市政协提案 156 件，2017—2022 年 198 件，增长了 26.9%；县区政协提案 2011—2016 年 249 件，2017—2022 年 407 件，增长了 63.5%。

民主党派提交提案数量分析图

级别	2011—2016 年	2017—2022 年
省	658	666
市	156	198
县	249	407

二是履职成效显著提升。民进甘肃省委会《关于加强敦煌地区水资源保护和生态治理的提案》、九三学社甘肃省委会《关于支持开展黄土高原实施"固沟保塬"工程的提案》、民革定西市委会《关于进一步支持甘肃引洮工程建设的建议》等大批高质量提案助推了省市重大规划的获批、重大项目的落地和重要工程的实施。在脱贫攻坚、乡村振兴、黄河战略实施等重大任务中，各民主党派发挥专业特长和联系广泛优势，做出了积极贡献。同时，以知民情、汇民意、聚民智、解民忧为主要内容的社情民意信息工作作用也更加突出。

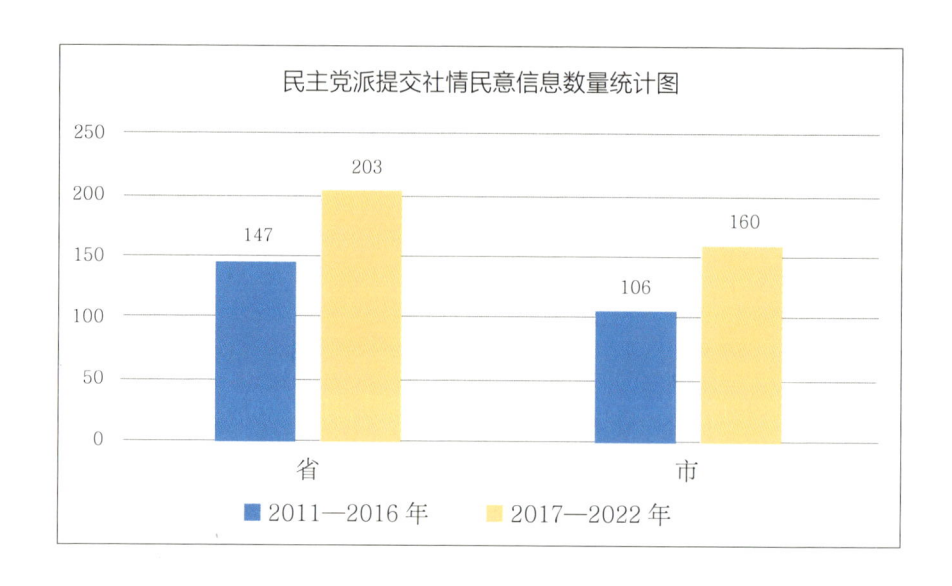

民主党派提交社情民意信息数量统计图

	省	市
2011—2016年	147	106
2017—2022年	203	160

（四）体制机制更加完善

一是协商程序逐步规范。形成了制定协商方案、组织专题调研、开展民主协商、专题议政协商的工作程序。明确党委、政府在协商活动过程中的职责。建立人民政协政治协商会议纪要制度，进一步规范了整理报送协商成果的形式、时间和部门。健全协商意见建议的处理、反馈程序，将提案、协商意见的办理情况统一纳入考核。

二是协商内容不断细化。如会前利用座谈会、政情通报会、议题研讨会和派送协商资料手册，帮助参加协商的委员多知情、知实情并掌握好大政方针和政策；会议期间，运用大会、小组讨论、专题议政会、界别座谈会，扩大、畅通建言渠道，活跃协商气氛，提高协商成效。

三是整体效应充分发挥。地方政协积极探索处理好政党协商、政协协商和基层协商之间的层次关系，充分发挥地方政协全体会议、常委会会议（常务委员专题协商会）、专题协商会、秘书长联席会议、专门委员会会议的优势和关联作用，整体效应得到充分发挥。

二、党派团体在地方政协作用发挥中存在的问题

（一）在强化思想引领、广泛凝聚共识上有待进一步提升

地方政协在帮助党派团体及党派团体身份政协委员强化政治理论学习上还没有做到常态化、长效化。党员身份政协委员联系党外政协委员尚未形成有效机制。在广泛凝聚自觉坚持中国共产党领导的政治共识、坚持和发展中国特色社会主义道路共识；挖掘和弘扬中华优秀传统文化，鼓励党派团体共同做好存史资政；引导党派团体加强对党的创新理论在人民政协的运用，加强人民政协理论研究等方面还缺乏积极探索和实践创新。

（二）在拓展履职渠道、增强履职效能上有待进一步提升

一是以提案为重要途径履职的积极性逐级递减。据统计，十一届省政协党派集体提案占审查立案提案总数的12.4%，十二届下降到10.9%；四届定西市政协党派集体提案占提案总数的18.1%，五届一次会议党派集体提案下降到13.8%；各县区党派集体提案平均占比约为13.3%。与集体提案相比，党派团体政协委员个人提案由于参政议政能力、调查研究水平的约束，提案的质量从省、市、县逐级下降。二是省市县党派团体收集和反映社情民意信息的数量逐级递减。三是党派团体委员发挥智力、专业优势服务基层治理优势不明显。

（三）在落实政策要求、健全履职机制上有待进一步提升

一是市、县两级民主党派后备干部存在青黄不接、后继乏人的问题，地方政府、人大、政协换届时"拿帽子找人"现象比较普遍；二是知情明政渠道不畅通。

市县民主党派机关相关文件传阅缺乏渠道，现有的情况通报形式单一、次数不多，导致民主党派对党委、政府的有关工作知情不足。三是支持保障机制不到位。缺乏政协委员推荐遴选退出、党派团体履职绩效评价、提案督查督办评价、解决非体制内政协委员履职困难等保障履职的体制机制。

（四）在彰显党派特色、发挥团体优势上有待进一步提升

省、市、县地方政协完成换届后，政协委员中民主党派委员占比基本保持稳定。除工商联外，工、青、妇、科协等团体委员数量偏少；市州政协还存在一人一界别的情况，县区政协一人一界别情况更为普遍；团体政协委员界别意识不明显，在政协多以个人身份履职，工作中难以形成界别的整体合力；各团体界别提案数量少，在发挥团体"专"的优势，深入、持续调查研究，形成建言献策品牌方面还有一定差距；地方政协专门委员会与相应界别党派团体政协委员联系不够紧密，与民主党派各级组织联络不经常，开展联合调研不够主动。

三、建立健全党派团体在地方政协发挥作用机制

（一）要建立地方政协党组联系地方民主党派组织制度和党员身份政协委员联系党外政协委员制度

将党派团体政协委员全员纳入地方政协党组成员联系对象，引导帮助党派团体政协委员主动提高政治意识，更加筑牢主动接受中国共产党领导的政治自觉。

（二）要建立政情信息通报制度

一是党委、政府及相关部门向地方政协通报、协商重大事项时邀请党派团体相关负责人参加；二是在开展对口协商、督查检查、委员视察、提案督办过程中尽可能邀请党派团体成员参加；三是帮助党派团体积极向同级党委、政府提出建议，为党派团体及时传阅相关重要文件提供帮助。

（三）要建立政协各专委会与民主党派联合调研制度

对民主党派和无党派人士提出的意见建议，地方政协要及时研究、办理和反馈。

（四）要完善沟通协调机制

一是建立健全定期交流走访机制，政协主要领导每年带队围绕民主党派参加地方政协重要事项与党派团体进行座谈，听取意见建议。

二是每年就政协协商选题、重要研究课题等工作对党派团体进行走访征集。三是主席会议每年专题围绕党派团体在政协发挥作用进行专题研究。四是加强地方政协机关与党派团体机关的联系，共建共享资源。五是建立健全秘书长联席会议制度。借鉴民主党派专

职副主委担任同级人民政协兼职副秘书长的制度。

（五）要完善表彰激励机制

重视党派团体干部的锻炼和培养选拔，加强党派干部交流，推动民主党派干部人事制度改革；将民主党派组织吸纳进入地方政协委员履职评价体系，在评比表彰过程中，充分吸纳民主党派意见；聘请民主党派委员担任地方政协文史资料研究员，为地方政协开展工作贡献力量。

四、党派团体在地方政协发挥作用的对策建议

（一）积极引导党派团体在凝聚共识上持续发力

1.加强思想引领。各级党委要把思想政治引领放在突出位置，更好引导党派团体坚定不移听党话、跟党走，坚决拥护"两个确立"、做到"两个维护"。要进一步发挥把方向、管大局、促落实的作用，把引领民主党派、人民团体等政协参加单位加强思想建设纳入年度工作计划、列入工作安排。

2.准确把握内涵。各级党委政府要支持党派团体参政议政、建言献策，在重要文件起草、重要规划制定、重要人事安排等方面要认真征求、积极采纳民主党派的意见建议。

3.广泛搭建平台。一要搭建学习平台。组织党派团体政协委员深入学习贯彻习近平新时代中国特色社会主义思想，鼓励党派团体政协委员上讲台、谈体会，积极撰写理论文章，增强学习实效。二要搭建履职平台。支持党派团体围绕党委政府中心工作开展调研，形成有价值的意见建议。三要搭建保障平台。要为民主党派在政协发挥作用创造条件，帮

助民主党派解决机构、编制、职级职数、经费、办公场所、干部交流等方面的问题,为民主党派履行职能提供保障。

(二)积极支持党派团体在自身建设上创新发展

1.积极落实统战政策。一要建立非中共党员后备干部人才库,纳入干部培养计划,解决民主党派干部青黄不接、后继乏人的问题。二要制定和完善市、县民主党派机关"三定方案",解决专职干部待遇。三要将统一战线政策落实情况纳入政治巡视巡察范围,列入考核内容。

2.增强自身履职能力。一要支持党派团体通过政协渠道,向党委政府反映党派团体关注但自身不能解决的实际困难和问题。二要制定培训计划,加强对党派团体政协委员和民主党派专职干部履职业务培训,帮助提高议政建言能力水平。

3.充分发挥界别特色。一要加强对党派团体界别工作的组织领导。围绕委员专业特长,提供便利条件,设立课题议题,支持调查

研究，形成话语权，帮助党派团体形成参政议政特色品牌。二要进一步发挥地方政协各专委会联系界别的作用。每年安排专委会与党派团体开展联合调研，邀请党派团体政协委员参与民主监督和视察活动。三要支持党派团体参与协商向基层延伸，共建委员活动联络室等工作。

4.营造参政议政环境。利用地方政协优势资源和宣传渠道，在网站开辟党派团体专栏，链接地方党派团体网站，加大对各民主党派和无党派人士在政协履行职能情况和参政议政成效的宣传力度，扩大各民主党派和无党派人士的社会影响，为民主党派和无党派人士更好履行职责营造良好社会氛围。

第二节
地方政协提高提案质量、创新提案办理机制专项研究

党的十八大以来，各级党委政府高度重视人民政协提案工作，习近平总书记多次对做好提案工作作出重要指示，为提高提案工作质量提供了根本遵循和行动指南。

一、地方政协提案工作基本现状

地方政协深入学习贯彻落实习近平总书记关于"政协提案不在多而在精，提出提案要更加注重质量，反映情况要准确，分析问题要深入，提出建议要具体"的重要论述精神，突出质量和问题导向，提案工作取得了明显成效。2020年，甘肃省政协联合9省区政协提交的《关于"十四五"时期加强巩固我国西部地区脱贫成果的提案》，被全国政协选为重点提案，产生了重要影响。建立提案办理制度，推动提案工作规范化建设。2023年定西市政协探索制定了《提案办理标准》，创新建立"五个督办"机制，在提案办理过程中做到了"方案有目标、办理有举措、进展有要求、评价有依据、结果有导向"的"五有"目标，提案质量和办理质量实现了"双提升"。

二、地方政协提案工作中存在的问题

（一）提案质量方面

1.提案数量多，高质量提案少。部分委员调查研究不够深入，所提提案缺乏全局性和前瞻性，建议缺乏针对性和可操作性。个别提案没有遵从"一案一事"的原则，提出的建议涉及多个单位承办，导致难以确定主、协办单位。

2.个人提案多，集体提案少。政协各参加单位对履职成果转化为集体提案的重视程度不够。界别优势发挥不充分，界别提案更多的是以委员个人联名提案的形式进行提交，主要体现的是第一提案者的意愿，联名人存在"挂名"现象。政协定西市五届一次会议期间共收到提案248件，委员个人提案达215件，集体提案仅33件。

3.大会提案多，平时提案少。委员对平时提交提案的重视程度不够，思想认识还有差距，承办单位办理积极性不高，办理渠道不够通畅。从近两年定西市政协提案情况来看，每年大会提案230件左右，而平时提案只有10件左右。

（二）提案办理方面

1.重视程度有待提高。个别承办单位对提案办理工作不够重视，对所提问题研究和分析的积极性不高，措施制定不够精准有效。有的督办主体对提案办理和督办的重要作用认识不够到位，口头过问多，现场去得少。

2.制度机制尚未健全。基层政协大都还没有制定提案办理标准，缺乏统一遵循。重点提案遴选机制不健全，一些具有前瞻性和针对性的高质量提案未能确定为重点提案。部分提案承办单位提案办理工作制度不健全，具体办理人员大多为临时指定，对办理程序不熟悉。

3. 推进落实力度不够。个别承办单位办理方案制定不够精准，与委员沟通不够主动，在落实见效上用力不够，存在以答复代替办理的现象。主办、协办单位之间协商沟通不够，"主办意识"强、"协办意识"差。B类提案跟踪问效机制不健全，部分承办单位续办意识不强。

（三）服务保障方面

1. 知情明政渠道不够畅通。大多数委员只有在政协全会时能够全面掌握政情，平时知情明政的渠道狭窄，很难提出高质量的提案。

2. 社会关注程度不够广泛。政协委员及其提案的社会关注度高低不一，"会期政治"现象仍然存在。提案办理公开机制不健全，社会关切群众关心的事情得不到公开透明及时的回应。对经验做法和典型事例总结推广不够，宣传形式和宣传内容单一，全社会关心关注政协提案的氛围尚未形成。

3. 智慧提案建设不够到位。各地政协提案办理系统没有统一的标准化平台，大部分提案系统提供的提案工作业务内容较少，无法完全满足工作实际需求。

三、建立健全地方政协提案工作机制

（一）健全党委政府领导机制

要强化党委政府对政协提案工作的领导和支持，把政协提案办理工作纳入整体工作布局，定期听取提案办理工作情况汇报，研究解决政协提案办理工作中的重大问题，健全及时交办、阅批提案、听取汇报、经常关注等方面的机制，支持政协组织对政协提案办理工作开展民主评议和民主监督，为进一步加强提案办理工作提供有力保障。

（二）健全提案办理制度机制

制定《关于进一步加强人民政协提案办理工作的实施意见》《关于加强提案办理协商提高提案工作科学化水平的意见》，确保提案办理过程中做到"方案有目标、办理有举措、进展有要求、评价有依据、结果有导向"的"五有"目标，夯实提案办理的制度基础。建立健全平时提案引导性征集和办理机制，激励和支持委员提出平时提案。

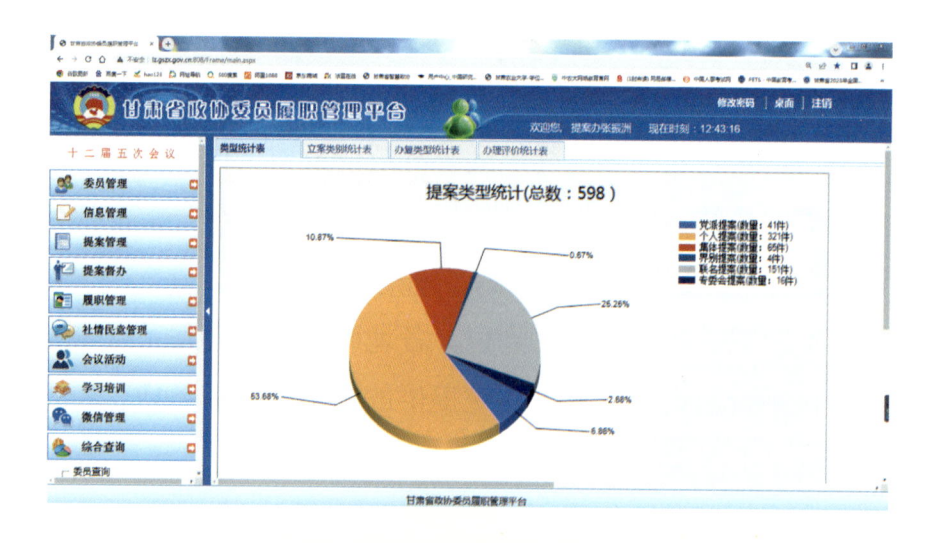

（三）健全定期通报推进机制

通过提案办理协商会议、常委会会议等方式，每季度听取和通报提案办理进展情况，进一步压实推进责任、展现办理成效，推动形成逐步推进、逐项落实、全程跟踪问效的运行管理机制。

(四)健全委员量化考核机制

将政协委员提交提案和立案情况进行量化考核并记入委员履职档案,更加全面客观地评价委员的履职质效。进一步严肃履职纪律,强化委员责任感和履职意识,着力解决委员履职能力和履职态度问题,让委员主体作用得到更充分地发挥。

(五)健全提案学习宣传机制

研究制定提案公开办法,规范公开主体、公开程序和公开方式,引导群众看提案、知提案、评提案。加强对"提案故事"的总结宣传,切实让政协提案影响力更上新台阶。建立地方政协提案工作交流机制,推广共享各地政协的好经验好做法,不断推动地方政协提案工作开创新局面、取得新成效。

四、提高地方政协提案质量的对策建议

(一)把好"三个关口",提高提案质量

一是把好培训关。积极搭建知情明政平台,通过政情通报会、政协大讲堂、履职培训班、在线学习、视察调研等方式,不断提高政协委员、政协各参加单位对政协提案性质、地位和作用的认识,让委员进一步知情明政,提高委员提案"实战"能力。

二是把好调研关。组织委员每年确定至少一项课题自行开展调研,力求形成情况摸清、问题找准、切实可行的高质量议政建言成果。探索建立课题立项机制,选取党政所需、群众所盼、自身所长的课题,面向委员统一招标立项,通过经费保障,提高委员广泛参与调查研究的积极性和主动性。

三是把好审查关。要按照"不搞凡提必立，不求量而求精"的要求，建立"宽进严出、三审把关"的提案协商审查立案机制。对符合立案标准，但反映问题相同、建议相似的提案，应加强与提案者沟通协商，进行并案处理。

（二）发挥"四个作用"，提升整体水平

一是发挥党派团体优势作用。党派提案是各民主党派和工商联经过深入调研、集思广益提出的，具有较强的政治性、全局性、针对性和可操作性。要充分发挥党派团体人才荟萃、智力密集的优势，通过提案办理有效拓宽党派团体参政议政渠道。

二是发挥界别提案特色作用。探索建立界别活动组织机制，设立界别小组和界别召集人，增强委员凝聚力和组织力，推动各界别委员在广泛听取界别群众意见建议的基础上提交集体提案。

三是发挥专门委员会的基础性作用。政协各专委会要将提案工作融入调研、视察、协商、民主监督等履职活动中，及时将大会发言、调研报告、协商成果等转化为集体提案。

四是发挥政协协商向基层延伸作用。要充分发挥基层委员联络工作室、协商议事室平台作用，通过平时提案提出、提案办理协商推动社会治理的堵点焦点问题和人民群众急难愁盼问题得到有效解决，确保把人心聚得更紧、把共识筑得更牢。

（三）建立"五个督办"，强化提案办理

一是突出现场督办。把党政主要领导督办重点提案作为提高提案办理质量的重要抓手，筛选提出反映问题准确、分析问题透彻、所提建议可行，并且具有前瞻性和代表性的提案，确定由党政主要领导现场督办，发挥示范引领作用。

二是靠实牵头督办。把主席会议成员牵头督办重点提案作为提高提案办理质量的重要举措，按照重点提案内容制定督办方案，采取现场查看、定期协商等方式，实现重点提案办理目标，延伸带动同类问题集中解决。

三是抓实跟踪督办。各专委会突出"专"的督办能力和水平，注重发挥专业性强、联系广泛的优势，注重收集平时提案并抓好办理落实，延伸提案办理触角，扩大重点提案督办面，实现专委会工作与提案工作相互促进、相互提升。

四是坚持督考督办。发挥考核"指挥棒"作用，把提案办理工作纳入党政督查督考范围，制定量化考核办法，严格控制提案办理结果"A"类、"B"类占比，明确办复期限，靠实办理责任，定期通报办理情况，提升办理质效。

五是严格监督督办。建立"提案办理 + 纪检监察"联合督办模式，对提案办理进展缓慢、举措不力、答复敷衍的单位和办理质量不高、办理结果测评满意度低的提案，协调纪委监委派驻纪检监察组开展监督督办，确保群众关注的急难愁盼问题得到有效解决。

（四）注重"五个协商"，凝聚提案共识

一是共性提案集中协商。探索实行共性提案共同答复、共同办理的协商办理方式，既能达到整合信息资源、优化工作流程、减少公务成本的目的，又能促使政协委员在交流中碰撞"火花"。

二是综合提案联合协商。建立联合协商模式，由政协搭台，邀

请提案者、主办单位、协办单位共聚一堂、共同探讨，在增进共识、汇聚合力的过程中，形成各司其职、各负其责、各尽其力的办理局面，推动疑难提案得到有效解决。

三是连续提案持续协商。围绕委员长年关心关注的问题和 B 类提案的办理工作，通过跟踪办理和持续协商方式，督促问题得到彻底解决，使提案办理工作真正落到实处、取得实效。

四是热点提案及时协商。突出热点提案办理的时效性，用最诚挚的态度和最有力的手段在最短的时限内进行协商办理，切实做到解民忧、纾民困、暖民心。

五是重点提案专家协商。积极探索将重点提案中反映的具有前瞻性、战略性的问题列为专家协商研究课题，召开承办单位与专家座谈会议，针对重大问题进行前瞻性研究，为党委和政府科学决策提供有见地、有价值的意见和建议，增强建言资政深度。

第三节
关于加强和改进地方政协调查研究工作机制研究

调查研究是人民政协更好发挥专门协商机构作用，在政治协商、民主监督、参政议政和凝聚共识方面取得更大成效的基础性、关键性工作，是获得真知灼见的源头活水，是做好地方政协工作的基本功和"压舱石"。

一、地方政协调查研究工作现状

党的十八大以来，地方政协认真贯彻落实中共中央《关于加强和改进新时代市县政协工作的意见》精神，把加强调查研究作为发挥政协职能的一项基础性工作，立足当地实际，注重建章立制，强化制度保障，相继制定出台了一系列配套制度。积极探索政协调查研究工作的新思路、新方法，充分发挥政协委员和各民主党派、人民团体、社会组织的作用，突出问题导向，深入调查研究，形成了"上下联动、左右协同"和"不调研、不建言"的调查研究工作新格局。近年来，定西市县区政协先后制定印发了《政协安定区委员会调研视察制度》《政协通渭县委员会加强和改进调研工作实施办法》《政协临洮县委员会调研工作规则》等，为提高政协调查研究工作质量和水平奠定了基础。

二、地方政协调查研究工作中存在的问题

(一)制度建设方面

1.制度建设滞后。制度对各调研节点中的"深、实、细、准、效"要求不具体、操作性不强,对调研成果运用转化缺乏制度性约束,对调研成果中反映的问题和意见建议由谁承办、由谁督办、何时办结、如何考评反馈等关键措施缺乏明确的制度规范。

表1 调研县区调查研究工作制度建设情况

文件制定单位	文件数	文件名称
安定区政协	1	《政协安定区委员会调研视察制度》
陇西县政协	2	《关于进一步加强调查研究工作的意见》《政协陇西县委员会调研工作规则》
通渭县政协	1	《政协通渭县委员会加强和改进调研工作实施办法》
临洮县政协	1	《政协临洮县委员会调研工作规则》
渭源县政协	0	
漳县政协	1	《政协漳县委员会关于规范调研相关程序》
岷县政协	0	

2.程序不够规范。地方政协普遍缺乏调查研究工作规范,特别在选题的采集、调研成果的论证、调研成果转化的追踪问效、调研的评价考核激励等关键环节上还存在不完善、不系统等问题。把主要精力集中在了解情况和撰写报告

上，未形成一套科学、规范、完整的工作闭环。

(二)调研力量方面

1.调研力量不足。县区政协普遍存在"一委一人"，甚至"一委多人"现象，机关年轻干部偏少，调研能力不足问题突出。政协委员调查研究的参与率不高，真正懂调查研究方法、会开展调查研究的委员偏少。地方政协调查研究专家智库建设滞后，缺乏专家学者的参与和支持。专题培训不够，以会代训多、系统培训少。

表2 调研组成员平均人数及政协委员参与情况

组织单位	调研组平均人数	政协委员的参与率
安定区政协	5	45%
陇西县政协	7	55%
通渭县政协	4	40%
临洮县政协	6	50%
渭源县政协	3	30%
漳县政协	3	31%
岷县政协	4	39%

2.选题不够精准。部分政协调研课题视野不够开阔，方向把得不够精准，调研启动后发现仅靠政协自身力量难以调深研透，有的选题党委政府已经或正在研究，造成工作重复。

3.定量分析不足。调研方式较为单一，数据处理、统计学分析等调研工具和调研手段的应用滞后，形成的调研成果定性表述多、定量分析少，结论缺乏相关数据支撑。

表3 调查研究方式比例

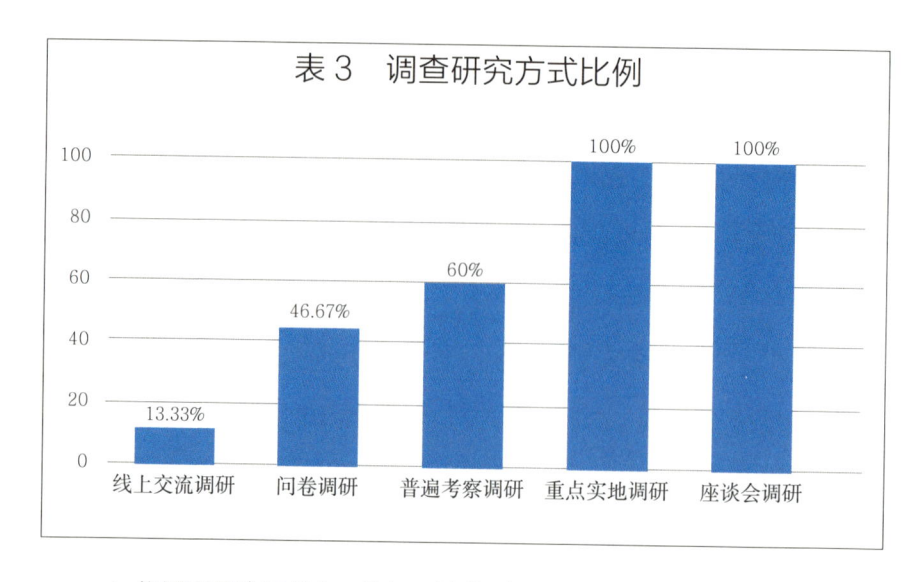

调研方式	比例
线上交流调研	13.33%
问卷调研	46.67%
普遍考察调研	60%
重点实地调研	100%
座谈会调研	100%

4.调研深度不够。调研前期资料和数据信息掌握不全不准，调研中受调研时间、技术手段等限制，调查研究的样本量普遍偏小，发现问题的广度和精度不够，对策建议过于宏观、笼统，缺乏解决问题的新理念新思路新办法。

（三）成果转化方面

调研报告质量不高，缺乏对问题的甄别，缺乏深度分析和可操作性的建议。调研成果转化不够，党委、政府及其职能部门对调研报告反映问题重视程度不够，调研成果转化主要依靠政协推动；党委政府层面缺乏对政协调研报告报送、交办、办理、落实、反馈等环节的制度设计，调查研究成果转化率不高。

三、建立健全地方政协调查研究机制

（一）优化选题机制

1.要建立多元的选题采集机制。把党委政府选题、专委会选题和界别委员选题充分结合，增加针对界别群众关心的社会热点难点问题的选题数量，推动群众急难愁盼问题得到有效解决。

2.要建立科学的课题筛选机制。建立"多渠道选题搜集、专班审核把关、分领域分类型筛选"的课题选题机制，聚焦发展所需、改革所急、基层所盼、民心所向，加强对课题的筛选和分类，构建上下级政协选题沟通机制，拓展选题来源渠道。

（二）强化运行机制

1.要建立以问题为导向的运行机制。始终把解决问题放在首位，作为政协调研工作的落脚点，在调查研究运行程序的设计和规范中，进一步突出问题导向、增强问题意识，以解决问题为根本目的。

2.要健全专委会与党政部门的合作机制。建立政协专委会与党政工作部门之间信息资源共享机制，定期相互通报信息，确保专委会全面了解和掌握事实真相、党委政府工作意图、阶段性工作重点，夯实政协专委会参政议政基础。

（三）完善转化机制

1.要完善调研成果多维形式转换机制。加强调研成果形式的多维转换，提高调研成果转化效率。保证调研报告的普遍性与针对性并存，根据需要可将调研报告转换为建议案、政协提案、社情民意信息等不同形式，促进调研成果的转化与运用。

2.要完善调研成果转化运用闭环机制。一是从成果报送、批示、交办、办理、反馈等关键环节入手，探索建立相应的工作机制和制度。二是建立健全党委政府领导批办机制，建立转办台账，对领导批示的调研报告按要求及时转交相关部门和单位办理。三是发挥民主监督职能，围绕调研成果转化开展专项督查，健全完善调研成果

"批示—采用—转化—跟踪—反馈—评价"闭环运行机制。加强与纪检监察部门的沟通衔接，围绕重大课题、重要成果，开展联合监督，形成督促调研成果转化落地的强大合力。

3.要建立调研成果多频跟踪督办机制。建立调研成果批示、采用、转化情况跟踪机制。一方面组织力量梳理现有调研成果的批示、采用、应用、转化情况并做好档案记录；另一方面积极跟踪调研成果落实情况，增强调研成果督办频次，并向相关民主党派、人民群体、党委政府、政协委员等主体反馈调研成果的转化情况。

4.要健全调研成果多层追踪反馈机制。加强与不同层级的衔接和沟通，进一步完备一体执行的调研成果报送、跟踪、督办程序，构建"调研成果成型—采用—转化—跟踪—反馈"串并联机制，促进对调研成果采用、转化等环节情况的整体可视与宏观把握，并保障反馈可追踪可查询。

四、加强和改进地方政协调查研究工作的对策建议

（一）规范调研选题

根据政协年度协商计划、常委会工作要点等，有针对性地选择调研课题。通过适当形式征求委员意见，并邀请相关专家学者参与选题研究论证。定期召开调研选题通报协调会，与各专委会、民主党派、工商联及有关人民团体就年度调研选题进行沟通协调，提出意见。其中重点选题要及时与党政相关部门沟通协商。

(二)加强调研力量

建立省市县三级政协调查研究纵向联动机制,加强政协系统内上下级协同联动,开展联合调研,既实现集中力量办大事、解决地方政协调研人员力量薄弱问题,又减轻基层负担,实现资源共享、成果共享。充分利用各级党校、高等院校、科研院所、智库机构等横向第三方力量,加快建立政协专家学者智库,吸纳相关行业领域专家学者。加强调研人员培训。围绕政协调查研究的选题、组织、实地调研、信息技术手段应用、调研报告撰写等薄弱环节开展专题培训,力争达到委员和机关干部培训全覆盖。

(三)丰富调查方式。

不断丰富调研形式,加强技术手段在调研过程中的应用,如问卷法、统计学数据分析法、文献计量法等,既做数据统计师、问题收集员,更做原因分析师、对策研究员,以数据化形式、科学化结论,保障调查研究工作顺利进行。

第四节
地方政协履职成果转化运用机制研究

地方政协履职成果转化运用，关系到地方政协职能的体现，关系到地方治理的效能，关系到政协委员主体作用的发挥。

一、地方政协履职成果转化基本现状

（一）履职质量有效提升

提高调研协商等履职成果质量的经验措施主要有三个方面：

一是提高选题的准确性。坚持紧贴党委政府中心工作，注重选择对全局有重大影响、对未来发展有重要作用的重点课题，注重选择党委政府重视、群众关注、影响发展的难点课题。

二是提高调研活动的实效性。做到调研方案科学缜密、调研队伍精干高效、调研活动深入细致、调研报告准确精练。

三是提高政协委员的参与度。重视发挥界别、党派和人民团体的作用，发挥界别、党派、人民团体或委员个人的专

长和优势。

（二）履职活动创新拓展

通过基层协商有效打通了政协协商向基层延伸的"最后一公里"，使基层治理中关系群众生产生活等切身利益的难点问题就近就地进入基层协商议题、通过协商达成解决办法、形成协商成果并得到及时转化。如陇西县的"药都有约"、临洮县的"临（零）距离协商"、岷县的"一碗烩菜办丧事"等政协基层协商"品牌"，有力促进了政协协商在基层治理中的实践探索和作用发挥。

（三）履职成果合理转化

对调研协商报告等重要履职成果，经实践证明比较有效的转化形式主要有三类。

一是以政协党组或常委会文件分别报送党委、政府，这是目前最重要而规范的方式。

二是对特别重要的调研协商报告，以专题性的建议案形式报送党委和政府。如甘肃省政协2020年"关于建立国家优质食用油和肉类生产储备基地的建议"就是在调研报告的基础上形成的建议案，得到重视和采纳，被纳入国家专项规划。

三是转化为政协提案、社情民意信息及政协委员意见建议专报或委员会议交流发言等。

（四）履职成果及时办复

一是建立领导督办制度。特别是政协重点提案的督办已经形成了相对成熟稳定的机制。定西市政协2023年建立了政协提案"五个督办"机制，特别是市委市政府主要领导现场督办重点提案、市政协主席会议成员牵头督办重点提案，有力促进了承办部门对政协提案的重视和办理实效的提高。

二是将政协履职成果的转化办理纳入对党政部门的考核内容。

三是建立履职成果转化运用跟踪反馈制度。对党政领导的重要批示和重点提案办理情况的反馈实现了常态化、规范化。

（五）党委政府重视支持

一是在制订调研协商计划和工作要点前及时向党委、政府征求意见和建议。

二是按照党委常委会议议程安排，政协党组及时向党委常委会议汇报年度工作要点和调研协商计划，汇报确定调研协商议题。

三是邀请党政领导参加政协全会、协商议政会议和提案督办等重点履职活动。

四是及时呈请党政领导就政协调研协商报告等履职成果的转化运用作出批示和安排。

二、地方政协履职成果转化中存在的问题

（一）转办机制不够健全

目前除了对提案办理有规范化、制度化安排外，对其他履职成果特别是调研协商（视察）报告的转化办理缺少规范化、制度化安排，导致调研协商（视察）报告等履职成果转化运用往往停留在领导批示环节，对领导批示后的转化落实和跟踪问效缺乏明确规定，使履职成果转化运用容易产生随

意性、不确定性。

（二）履职成果质量不高

选题的随意性强，与党委政府中心工作和民生问题贴得不紧；履职报告总结成绩泛泛而谈、分析问题不够精准、对策建议不切要害，特别是问题的分析研判缺乏有说服力的数据分析、案例分析、问卷调查、深入访谈作支撑。究其原因，主要是缺乏有深度、广度、精度的调查研究。日常调研大多以现场察看、座谈讨论、个别访谈为主，且受参与人和访谈场所等因素影响，难以全面准确掌握真实情况。

（三）履职能力有待提升

有些政协委员积极履职的责任意识不强，难以专心致志调查研究、反映民意、为民发声。政协组织缺乏对政协委员有约束力的制度管理，特别是对政协委员培训的及时性、针对性和实效性不够，缺乏调查研究基本功训练，调查研究能力薄弱。

（四）激励机制还未形成

一是履职成果转化运用缺乏科学可行的评价标准和细则，在党政部门履职考核中占比不高。

二是履职成果转化运用缺乏有效管用的激励约束机制。

三是政协履职成果主要依靠政协自身推动其转化运用的现象比较普遍，履职成果转化"后半篇文章"没有真正做实、做到位。

（五）队伍建设存在"短板"

地方政协编制不合理、工作人员数量严重不足特别是县区政协"一委一人"等影响地方政协履职实效的突出问题，一直未能从根本上解决。如定西市政协现有人员中，50岁以上干部占比为56%，有基层工作经历的 35 岁以下年轻干部占比为 6.25%。渭源县政协 4 个专门委员会共有工作人员 4 名，平均年龄 50.5 岁。

三、建立健全地方政协履职成果转化机制

（一）坚持党对政协工作的全面领导机制

坚持和健全党委常委会会议听取政协党组工作汇报，讨论政协常委会工作报告和年度协商计划等制度，听取调研协商（视察）报告、重要建议案等重点履职成果汇报，并在实践中不断完善和加强党对政协工作全面领导的制度建设。

（二）完善政协履职成果质量提升机制

1. 精心遴选履职课题。坚持和完善"党委点题、政府出题、政协破题"等行之有效的调研协商议题征集制度，切实发挥政协优势，体现政协特色，在选题上要与时代脉搏"同

频"，把握发展趋势，注重预见性、前瞻性；同党政工作"同向"，服从和服务于党委和政府的中心工作；和人民利益"同心"，关心人民群众的疾苦、反映人民群众的呼声、维护人民群众的利益。

2. 精心组织履职活动。注重发挥政协委员的主体作用，发挥界别优势，尽可能优化和完善履职方案，优选履职活动参加人员，把履职成果建立在委员的积极参与、广泛的信息收集和科学的理性分析基础上。调查研究要坚持点面结合、上下结合、内外结合，深入基层、深入群众、深入实际，把"上情"与"下情"研究透、琢磨准，找准"结合点"和"切入点"，使履职成果更趋于理性和科学。

3. 精心撰写成果报告。政协履职成果报告要注重可行性，不但要提出问题，而且要分析产生问题的主客观原因，深挖问题的症结，提出解决问题的办法；注重超前性，树立超前意识，从当地经济社会发展的大局角度和宏观层面来看问题，做到见微知著，未雨绸缪；注重时效性，要面对不断出现的新形势、新情况、新问题，提出具有时代性的意见建议；注重可读性，做到题目新颖、内容丰富、语言简洁、文字精炼。

（三）完善政协履职成果规范办理机制

1. 规范成果报送。调研协商（视察）报告，应当由政协党组向党委报告，由政协常委会向政府报送。对调研协商（视察）报告中重要的意见建议可以同时转化为政协建议案，以正式文件报送党委政府。还可以将调研协商（视察）报告中的部分内容转化为政协委员提案或社情民意信息等。

2. 拓宽转化渠道。逐步构建"党政点题、政协调研、领导阅批、决策采纳、部门落实"的协商议政成果转化机制，不断拓宽调研成果转化的渠道，积极探索有利于调研成果转化的方法，利用各种形式宣传和反映调研成果，扩大调研成果的影响。

3.加大督办力度。注重改变以往"只管耕耘，不问收获"的惯性思维，做到敢于跟踪、善于跟踪、常态化跟踪，建立良好的跟踪落实机制，将政协各类履职成果的转化落实工作固化为制度，强化督办工作的权威性、长效性。

（四）完善政协委员管理和队伍建设机制

1.强化委员培训。通过赴外培训或内部培训等方式，及时举办委员培训班，使政协委员熟练掌握履职必备知识和技能。地方党委应当听取政协党组关于委员年度培训计划的安排，提出相关要求；同级政府对政协委员培训给予经费支持。政协应当不断优化委员培训的内容安排，使委员培训达到预期效果。

2.优化履职管理。健全委员履职评价和管理制度，探索建立和完善委员退出和暂停履职办法，既增强委员的荣誉感，又增强委员的责任心，激励委员坚持为国履职、为民尽责的情怀，认真履行委员职责。

3.重视自身建设。将政协队伍建设作为提升履职成果质量和转化运用实效的基础保障，认真研究和解决市县区政协编制不合理、工作人员平均年龄偏大、"一委一人"等突出问题。

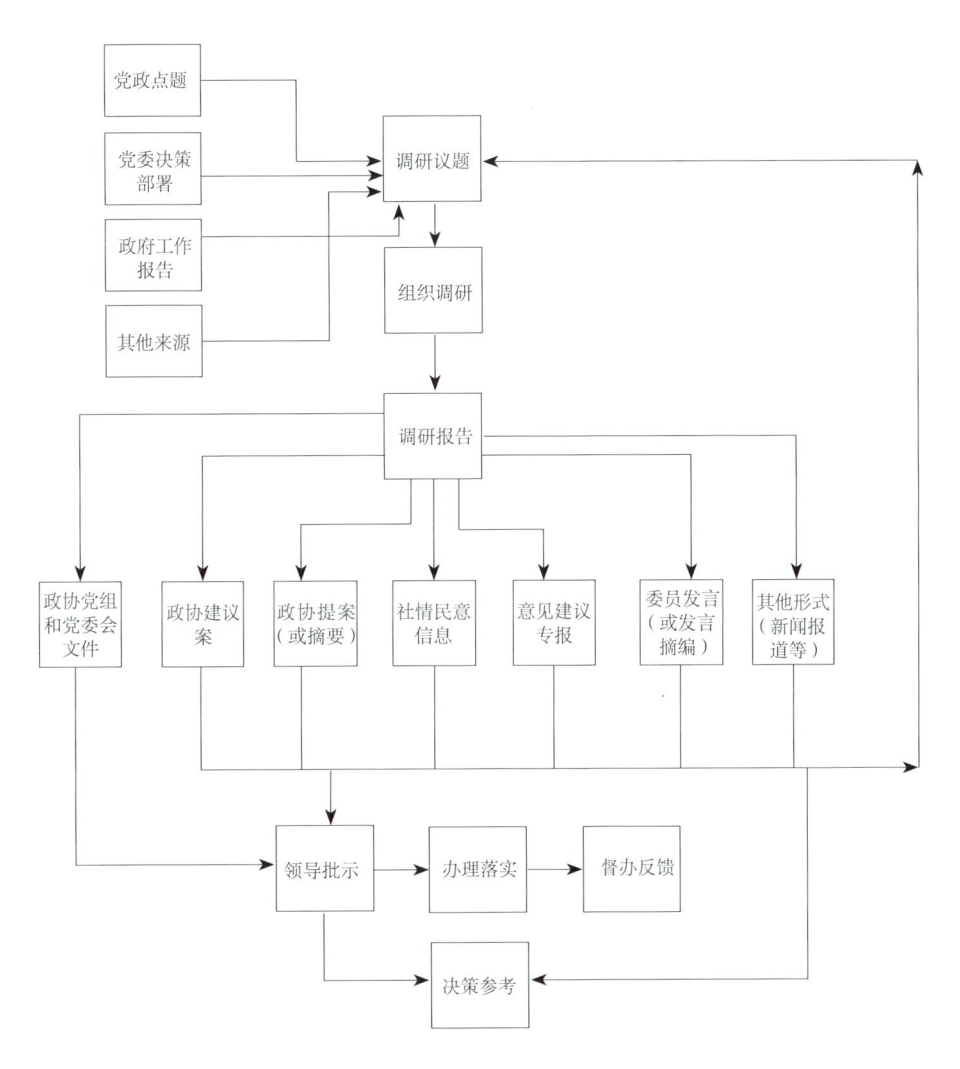

图 1　政协调研成果转化流程示意图

四、地方政协履职成果转化的对策建议

（一）完善履职成果转化制度

建议在总结实践经验的基础上，学习借鉴吉林市等地的做法，由党委或政协制订印发政协履职成果特别是调研协商（视察）报告等专题性协商议政成果的转化办理制度办法，对成果形成、呈送、批

办、转办、督办、答复、反馈、评价、考核、激励等作出明确规定。

（二）拓宽履职议题遴选渠道

建议进一步丰富地方政协调研协商等履职活动议题来源，在突出党委政府点题的同时，注重从党委重要决策部署（如党委全委会文件）、政府工作报告中研究提炼议题；从调研成果跟踪落实中发现议题；从政协建议案、政协提案、社情民意信息、委员发言中捕捉议题线索等。

（三）健全成果转化评价体系

建议将政协履职成果转化办理纳入党政部门工作责任制考核的重点内容，赋予相应的权重；党政督查机构也应当将政协履职成果转化办理列为年度督查的重点内容，及时组织督查，通报转化办理情况；定期通报奖励先进单位、先进个人。

（四）推进委员服务平台建设

大力推进数字政协或智慧政协建设，并以数字政协或智慧政协建设为支撑，建立委员联络服务、组织交流平台或直通车，搭建委员履职的便捷通道，为提高深度协商互动、意见充分表达、广泛凝聚共识水平创造条件。

（五）解决队伍建设"瓶颈"问题

建议省政协就此制订出台专门的政策规定，将市级政协"每个专门委员会实职人员编制数额至少4名（主任、副主任各1名，工作人员2名）"、县区政协"每个专门委员会实职人员编制数额至少2名（主任1名，工作人员1名）"作为约束性规定明确下来。同时可借鉴江西省抚州市的做法，探索配备政协专门委员会兼职副主任，将在党政部门任职的政协委员选配为专门委员会兼职副主任，调动部门和专委会"两个方面"的积极性。

（六）**强化政协组织联系协作**

建议加强地方政协组织之间协商议政活动的经常性联系协作，形成工作合力。对区域内的重大协商议政事项，建立省市县政协组织之间的纵向联络机制，开展协同调研、联合协商；对区域间的重大协商议政事项，建立区域间政协组织之间的横向联系机制，共同推进重要建议案等协商成果的调研、协商、起草、讨论、呈送、跟踪落实等事宜。

第五节

地方政协社情民意信息收集整理反馈机制研究

做好新时代人民政协反映社情民意信息工作，就要发挥好地方政协联系广泛的优势，为党和政府了解下情当好参谋、助手，助力推进国家治理体系和治理能力现代化。

一、新时代人民政协反映社情民意工作面临许多新情况新问题

新时代加强和提升政协反映社情民意信息工作，既是贯彻落实习近平总书记关于加强和改进人民政协工作重要思想的具体体现，也是人民政协把准新定位、践行新使命的重要举措。当前，社情民意信息工作面临着许多新情况和新问题。

（一）新时代十年重大变革，对人民政协社情民意信息工作提出了新考验。

我国目前正处在改革发展的关键时期，经济体制、社会结构、利益格局和思想观念等多方面都在发生着深刻的变化，新情况、新问题、新矛盾层出不穷，社会各方面的利益

诉求和各界群众的表达意愿越来越强烈。人民政协的性质及其在我国政治体制中的地位，要求其在履行职能中必须摆正位置，既不越位，也不缺位，发挥作用优势，尽职尽责到位，进一步发挥好信息工作"上传下达"的作用，推动政协工作提质增效。

（二）进入新时代，社情民意主体的变迁、热点的重新构架呈现出新变化

新时代，我国经济社会结构继续深刻变化，社会成员发展的广泛性、构成的多样性和思想认识的复杂性都有新变化新表现，政协社情民意信息工作面临许多新情况、新变化。随着政务信息公开程度进一步提高，群众的参政议政渠道逐步拓宽，使信息工作主体发生变迁。就业、教育、医疗、托育、养老、住房等民生问题以及交通拥堵、拆迁补偿、环境污染治理等成为群众新的聚焦点，网络大众化背景下干部腐败问题、规范执法问题等成为吸引眼球的新热点，做好社情民意信息工作必须把准新趋势、适应新变化。

（三）新媒体时代，舆情传播模式发生的重大变革对社情民意信息工作提出了新挑战

随着新兴传播媒体的普及，新媒体工具的"点对群""群对群"特点，形成了网状、立体的信息发布和传播方式，成为信息的集散地和社会舆论的放大器，并且形成一种虚拟的利益共同群体，显现出极强的群际传播特点，这给信息工作带来了不小的压力和挑战。新媒体时代下民众角色的现代化、关注热点的规律化、观察视角的多元化、导向系统的协同化，使得党委、政府掌握舆情动向，提高执政水平面临着前所未有的新问题、新挑战。

（四）政协自身优势作用发挥不充分，反映社情民意信息工作存在一些薄弱环节

政协社情民意信息报喜的多、报忧的少，针对性强，敏感性高。以政协目前的工作来看，参与面还不宽、力量也比较单薄，作用还没有充分发挥。普遍存在：一是怕给领导"捅娄子""找麻烦"不敢写，二是由于培训工作不到位、调查研究不深入不会写，三是由于没有掌握撰写社情民意信息的技巧和方法不能写，四是由于机制不健全不愿写。

二、推动政协工作高质量发展对反映社情民意提出新要求新任务

在新时代、新任务、新要求情况下，人民政协要在服务大局上有新作为，就要自觉、主动、创造性地做好反映社情民意工作，提出科学合理的建议，彰显在建言资政和凝聚共识方面的功能作用。

（一）新时代实现第二个百年奋斗目标，对政协反映社情民意信息工作提出了新要求

反映社情民意信息是人民政协密切联系群众的桥梁纽带。古往今来，我国历史上许多思想家、政治家都把知民情、顺民意、得民心作为"为政之道""执政之要"。在新时代中国特色社会主义现代化建设新阶段，民主政治建设同时步入了历史快车道，了解民意、尊重民意、顺应民意日益成为党和政府实现科学民主决策的重要衡量标准。人民政协反

映社情民意是政协的一项基础性工作,在党和国家社会舆情汇集和分析机制中起到不可替代的作用,能够比较客观、公正地反映各种情况和问题,为党和政府了解下情增加了一条真实可靠、对路有效、质量较高、反映快捷的重要渠道,可以为各级党委和政府提供多角度、有分量、有价值的信息,有利于服务发展大局,有利于参与社会治理,有利于促进民主政治建设,有利于践行为民服务宗旨。

(二)新时代人民政协的性质定位,对政协反映社情民意信息工作提出了新任务

按照"人民政协要把不断满足人民对美好生活的需要、促进民生改善作为重要着力点,倾听群众呼声,反映群众愿望,抓住民生领域实际问题做好工作,协助党和政府增进人民福祉"的要求,人民政协组织要突出政协特色,进一步畅通社情民意信息的反映渠道,拓展信息来源,扩大反映社情民意信息工作覆盖面。要围绕大局反映情况、报送信息,做"千里眼、顺风耳",把各方面新情况新问题、意见建议、群众关注的热点焦点问题等及时收集上来,归纳综合,分析研判,第一时间反映给党政有关部门,为党委政府科学决策提供重要依据,为党委和政府制定方针政策提供智力支持。

(三)新时代人民政协制度创新发展,要求政协反映社情民意信息工作要有新举措

反映社情民意信息工作能够弥补提案、专题调研、视察工作的局限,为党委政府知情决策提供更多参考。要发挥政协反映社情民意信息"短、平、快"以及"直通车"的优势,发挥地方政协特别是县区政协组织直面广大人民群众的优势,发挥政协委员来源于基层人民群众的优势,更直接地收集民情,反映民意。

（四）新时代推进政协工作高质量发展，要求政协反映社情民意信息工作必须形成新格局

人民政协的职责使命要求各级政协组织和政协委员要提高履职能力，发挥自身优势，坚持民有所呼、我有所应，民有所求、我有所为，切实增强做好反映社情民意信息工作的责任感。应注重发挥政协界别广泛、人才荟萃、位置超脱等优势，突出政协特色。充分发挥广大委员作用是做好政协各项工作的前提和基础，要提高政协委员参与度，鼓励政协委员到人民群众中去，倾听群众呼声，关注民生问题，反映贴近生活和社会的社情民意。要通过政协组织的各种调研视察、会议、专题研讨和座谈会等活动以及大会发言、政协提案和调研视察报告，从中搜集、挖掘反映人民群众普遍关心的热点、难点、焦点问题，更好地发挥政协协调关系、汇聚力量、建言献策、服务大局的作用。

三、建立健全地方政协反映社情民意的收集、整理、反馈机制

要把反映社情民意信息工作保障机制作为加强政协工作制度化、规范化、程序化建设的必要环节，把握反映社情民意信息工作的规律性，不断完善各个环节的工作机制。

（一）建立健全反映社情民意信息的报送和汇集机制，及时广泛地汇集来自各方面的社情民意信息

1.健全完善社情民意信息报送网络。要注重发挥五个方面的作用，畅通社情民意信息渠道，形成覆盖政协各参加单位、广大政协委员、政协机关干部的信息报送网络。一要发挥政协委员反映社情民意的主体作用。二要发挥政协各专委会反映社情民意的基础作用。三要发挥民主党派、工商联等政协参加单位反映社情民意的主渠道作用。四要发挥省、市、县（区）政协反映社情民意的联动作用。五要发挥政协机关信息工作者的重要作用。

2.加强社情民意信息工作队伍建设。要努力壮大信息工作的队伍，不断增强反映社情民意信息工作的整体力量。要建立信息员和特邀委员制度。在各级政协组织和各民主党派、工商联等政协参加

单位各确定一名专兼职社情民意信息员；从参政议政积极性高、反映社情民意信息表现突出的委员中聘请若干名社情民意信息特邀信息员，加强社情民意信息工作力量，为社情民意信息工作的深入开展提供人力保障。

3.强化社情民意信息工作业务能力。建立健全政协委员培训长效机制。要依托委员培训班、各类会议，围绕社情民意题目、内容、写作方法，掌握社情民意反映规律等，有针对性地组织开展社情民意信息知识学习和培训，努力提高政协委员信息工作能力和水平，有效解决委员收集不到有价值信息的问题。要积极为政协委员提供知情明政平台，及时反馈省、市政协信息选题，根据报送要点重点约稿，广泛汇集社情反映民意，提升信息质量和水平。

4.提高社情民意报送信息化水平。加快反映社情民意信息工作信息化建设，充分发挥网络技术在反映社情民意工作中的作用。依托政协网站开辟社情民意专栏，通过互联网开展信息在线提交、办理状态实时查询等，实现信息工作"云"办理，保障信息收集快捷、传输安全、资源共享，努力打造"智慧"政协，实现委员履职的智能化、便捷化、高效化。

（二）建立健全反映社情民意信息的策划和分析机制，努力提高反映社情民意工作的系统性、科学性

1.加强反映社情民意信息工作组织领导。要把反映社情民意信息工作列入政协工作的重要议事日程。要加强协调配合，形成工作合力，构建政协委员和机关干部都做反映社情民意信息工作、人人都是信息员的工作格局。要健全完善反

映社情民意信息《工作规则》，对社情民意的征集汇总、筛选处理、总结表彰等进行详细规定，不断推进工作的规范化、制度化建设。

2.建立社情民意信息策划分析制度。加强前期策划和引导，注重与党政部门的沟通联系，及时了解党政决策的信息需求，拟定并定期发布重点信息选题，制定信息收集报送计划，使政协信息工作有的放矢。要根据工作需要有重点地向有关报送单位和委员约稿，提高信息的针对性和时效性。要注重在选题立意、深入调研、突出特色上下功夫，组织力量对相关问题进行调研分析，报送有见解、有深度的社情民意信息。

3.完善社情民意信息编审报送制度。规范社情民意信息稿件的收集、登记、甄选、编辑、审批和报送程序，保证信息收发有序，归档完整。健全完善反映社情民意信息《工作办法》，建立"三审三核"制度，严把"校核关"。要严把信息工作"质量关"，力求反映社情民意的精、准、实，注重反映具有前瞻性、综合性、预警性的社情民意信息。

4.健全社情民意信息保障服务制度。加强信息共享和交流，同各级政协组织、政协各参加单位和广大政协委员保持密切联系，重视与社情民意信息员和特邀委员的交流沟通，做好协调服务工作。要适时发布信息征集要目，不断提供有关信息资料、情况动态，帮助委员了解形势、掌握政策，组织委员参加有关会议、培训、调研活动，扩大委员视野。要加大理论研究和宣传力度，使社情民意信息工作在政协全局工作中发挥更大的作用。

（三）建立健全反映社情民意信息的跟踪和反馈机制，不断提高反映社情民意信息工作实效

1. 建立社情民意信息跟踪反馈制度。建立各单位办理社情民意批示反馈制度，对领导在《社情民意信息》上所作的批示情况进行跟踪，及时了解党政部门的处理意见、办理落实情况，促进问题的妥善解决。将社情民意的转办、督办、落实情况及时进行反馈，通报政协有关领导。同时，对办理情况以适当方式反馈信息反映者，使其知晓自己提出的信息价值，努力营造重视和支持政协委员反映社情民意信息工作的良好氛围。

2. 建立委员报送社情民意信息量化考核制度。建立政协委员参政议政档案，把社情民意信息工作情况列入每个委员参政议政的重要内容。政协各专委会、科室报送的社情民意情况要纳入机关绩效考核的重要内容，激励约束委员履职尽责。要制定具体的量化考核指标，要求每位政协委员每年至少报送 1 篇社情民意信息，各专委会每季度至少报送 3 篇的社情民意信息，各民主党派、工商联每季度至少报送 1 篇社情民意信息。

3. 建立社情民意信息工作通报考评制度。建立信息统计台账，制定量化评分标准，实行半年、年终通报。将市县区政协、政协各参加单位、各专委会和委员反映社情民意信息的数量、各级采用情况、领导批示情况、得分加分情况、排名情况等进行通报，进一步调动政协各参加单位和政协委员信息工作的积极性和主动性。

4.建立社情民意信息工作表彰激励制度。建立健全信息工作评比指标体系和表彰办法，每届任期内评选表彰1—2次，对优秀社情民意信息及信息报送单位、委员和信息编报人员进行表彰，调动工作积极性。凡被全国政协采用或中央、省、市领导作出批示的社情民意信息，其报送单位或个人，纳入先进集体和先进个人的评选范围，并在政协有关会议上予以表彰。

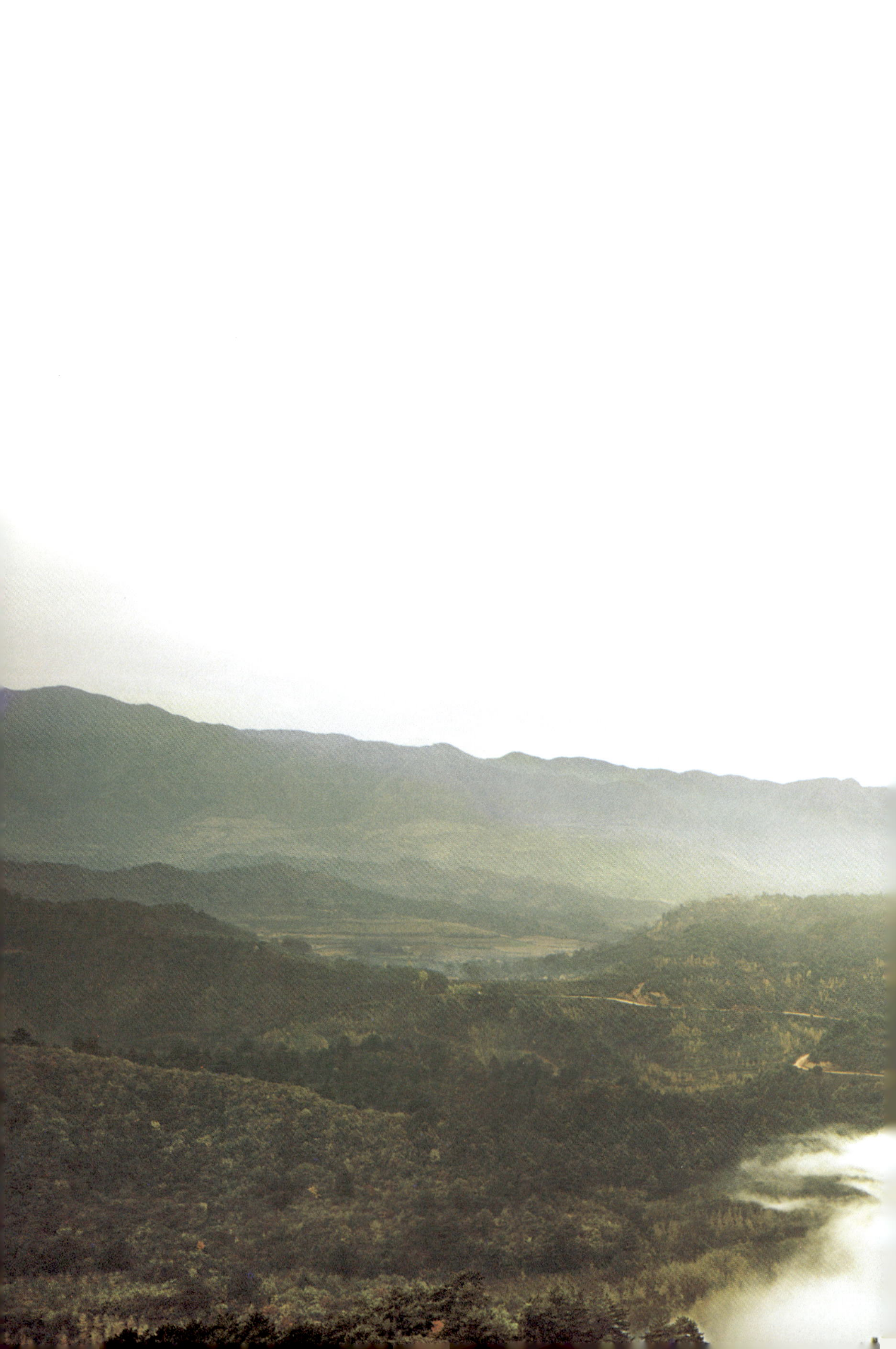

第五章

坚持大团结大联合 广泛凝聚人心和力量机制研究

习近平总书记关于加强和改进人民政协工作的重要思想和党的二十大精神为人民政协发挥统一战线组织功能和制度优势，提供了根本遵循，指明了根本途径。

近年来，我省地方政协始终坚持大团结大联合广泛凝聚人心集聚智慧，为地方经济社会发展做出了重要贡献，但在工作进程中也存在一些突出问题。基层政协理论研究工作队伍建设相对滞后，理论研究能力和水平不高，普遍存在重建言资政、轻凝聚共识现象，没有真正把凝聚共识工作贯穿在政治协商、民主监督、参政议政履职活动中。各地政协虽然制定了加强和促进凝聚共识工作的实施意见，但凝聚共识工作对基层政协而言尚处于探索阶段，相关的体制机制还不够健全，特别是政治引领、凝聚共识等工作难以用量化的指标来衡量，尚未建立相应的考核评价体系，导致凝聚共识工作不够规范，成效不够明显。联系界别群众的主动性不强，自身主动开展联系活动较少，联系界别群众成效不明显，联系工作往往停留在收集问题层面，没有对界别群众提出的意见建议进行深入思考研究和了解，无法提出针对性的解决办法，影响了界别作用的发挥。界别优势作用不突出。政协换届时受结构比例影响，委员提名受到限制，界别之间不平衡，有的界别人数较少，无法开展正常界别活动，一定程度上影响界别作用的发挥。委员作用发挥不充分。基层政协委员中公职人员占比较高，组织委员开展集中学习、履职活动难度较大，往往将这部分委员教育管理依托所在部门、单位，导致委员履职积极性和主动性调动不够。

地方政协必须立足于统一战线组织的功能和定位，从多个方面切入，优化路径，坚持大团结大联合，广泛凝聚人心集聚智慧。

一、加强思想政治引领，增进团结联谊

弘扬革命前辈在团结联谊方面的优良传统，善于结交朋友、乐于结交朋友、广泛结交朋友，真诚对待朋友，广泛团结社会各界力量，为党的建设和人民政协工作奠定坚实的民主基础。在同广大委员和各界人士交朋友的过程中，也要加强对党中央的政策和人民政协相关政策的把握，保持高度的政治引导力，加强底线思维和原则立场，以团结联谊为目标结交朋友，凝聚力量。要在团结联谊中广泛联系人民群众，加强与人民群众的沟通交流，以真情实感结交，在平等相处、相互尊重中增强合作沟通能力，增进认同。此外，要推进人民政协的沟通交流机制常态化、制度化。

二、尊重多样性，巩固一致性

面向参加政协的各党派团体和各族各界人士加强思想政治引领，强化党的创新理论学习，不断增进对中国共产党和中国特色社会主义的政治认同、思想认同、理论认同、情感认同；把党的主张转化为社会各界的共识，面向社会传播共识，为党领导人民有效治理国家厚植政治基础、社会基础；面向海内外讲好中国故事，广泛汇聚正能量，画出最大同心圆。

三、加强广泛联系，完善合作共事制度机制

从面上讲，政协召开主席会议、常委会议，可以邀请民主党派、无党派、工商联、各人民团体的领导同志列席，及时传达上级的方针政策和地区的重要工作安排，为更好履职、发挥作用创造条件。从线上讲，开展好主席联系常委、常委联系委员等工作，做到在政治上尊重关爱、工作上关心支持。从点上讲，激发委员履职热情，多开展委员联系界别群众活动，下到基层、服务到一线，主动联系群众，宣传党委政府决策部署，帮助排忧解难，真正把界别特色优势和委员主体作用紧密结合起来。此外，还要引导党员政协委员和政协机关中的党员广交、深交党外朋友，尤其要加强与新的社会阶层人士的交流，主动邀请他们参加政协协商活动，畅通言路，求同存异、求同化异。

坚持和完善中国共产党领导的多党合作和政治协商制度，完善工作机制，加强与各人民团体、政协各参加单位和无党派人士的团结合作，为人民团体和各界人士搭建参政议政平台。要针对重要改

革举措贯彻执行和改革任务落实完成情况，积极开展民主监督，努力为全面深化改革营造良好环境。要在集合众智的情况下搞好团结，充分发挥政协联系广泛、人才荟萃、智力密集、包容性强的工作优势，做好党委、政府研究决策前重大事项的调研和协商工作，把群众智慧体现到决策过程中，促进民主决策和科学决策的有机统一。

四、建立健全委员联系界别群众机制

地方政协要深入学习贯彻党的二十大和习近平总书记对甘肃重要讲话重要指示批示精神，充分发挥政协委员在界别群众中的代表作用，更好联系、团结、引导、服务界别群众。建立健全委员联系界别群众的激励机制，建立完善联系界别群众的考评机制。建立健全委员与界别群众的联系沟通机制。完善政协委员联系界别群众工作的具体路径与联络机制。健全完善委员联系界别群众的工作推进机制。把政协委员联系界别群众工作与政协履职工作统一规划、统一部署、统一推进，督促所联系界别的委员做实联系。健全完善组织推动和服务保障机制。进一步优化履职环境，夯实基层基础，完善保障机制。地方政协要做好委员联系界别群众工作的统筹协调、督促检查和履职统计工作，完善专委会制度，明确专委会委员组成。

五、不断深化交流合作，促进宗教和顺、社会和谐、民族和睦

在专题议政、调研视察等政协重大活动中，鼓励各党派团体、各族各界人士"多发声"，引导他们"善发声"，支持他们"敢发声"，保障他们"愿发声"，让他们履职的舞台更广阔，让他们有更多的获得感、荣誉感、使命感。要通过整合各方资源力量，注重发挥整体优势，加强与各党派团体、各族各界人士的协作配合，协同调研、共同协商，各方联动、形成合力，使人民政协切实成为联系各党派团体、各族各界人士的桥梁和纽带。政协各参加单位要平等相待、互相尊重、团结合作，促进政党关系、民族关系、宗教关系、阶层关系的友好和谐。努力协调关系，高度关注社会群体的所思所想，找准利益的结合点，凝聚推动改革的正能量。要全面贯彻党的民族政策和宗教政策，充分发挥宗教界人士和信教群众在推动经济社会发展中的积极作用，促进宗教和顺、社会和谐、民族和睦。

第一节
地方政协凝聚共识实践路径研究

习近平总书记在党的二十大报告中强调,"提高深度协商互动、意见充分表达、广泛凝聚共识水平"。近年来我省地方政协充分发挥优势,积极探索实践,为地方经济社会发展做出了重要贡献;当然,工作中也存在一些突出问题。本文就是围绕我省地方政协凝聚共识方面的规律特点和其中的短板弱项所作的调查研究,期盼能对该项工作的深入推进有所裨益。

一、突出问题

由于各类主客观因素的综合作用,我省地方政协在凝聚共识工作中呈现出积极成效与制约因素相互交织、制度常态与短期行为相互并存的状态。

(一)凝聚共识的职能作用把握不准

基层政协理论研究工作队伍建设相对滞后,理论研究能力和水平不高,对如何充分发挥政协"一个专门""三个重要"的独特作用缺乏系统性研究,在日常政协工作中普遍存在重建言资政、轻凝聚共识现象，没有真正把凝聚共识工作贯穿政治协商、民主监督、参政议政履职活动中，因地制宜探索创新凝聚共识工作渠道，更好把党的决策部署转化为社会各界的广泛共识和自觉行动方面思考谋划得不够。

（二）凝聚共识工作机制建设相对滞后

全国政协《关于加强和促进人民政协凝聚共识工作的意见》出台以来，基层政协结合实际制定了加强和促进凝聚共识工作的实施意见，但凝聚共识工作对基层政协而言尚处于探索阶段，相关的体制机制还不够健全，特别是政治引领、凝聚共识等工作难以用量化的指标来衡量，尚未建立相应的考核评价体系，导致凝聚共识工作不够规范，成效不够明显。

（三）凝聚共识的渠道不够宽广

凝聚共识的主要内容包括加强思想政治引领、做好政协委员的凝聚共识工作、要面向社会传播共识、广泛汇聚中华民族伟大复兴正能量。基层政协凝聚共识更多的是注重通过理论学习、专题培训、谈心谈话做好政协机关干部和广大政协委员队伍内部的凝聚共识，但在面向社会传播共识、加强对外交流交往等方面，因基层政协工作基础薄弱、人员力量薄弱的因素影响，使得基层政协在探索凝聚共识实现路径方面存在不足，通过大胆创新探索，引领带动各党派、团体、各族各界群众凝聚人心、凝聚共识、凝聚力量等方面做得不够，效果不明显。

（四）凝聚共识的成效不够明显

基层政协受历史因素和现实条件限制，在宣传贯彻践行党的创新理论、广泛协商、建言资政、联系群众、与社会各界各阶层各方面合作共事中凝聚共识的成效还不够明显。

一是基层政协民主党派作用发挥不够。由于县级很少或基本未设立民主党派的基层组织，除了中共党员委员外，大多的委员均属无党派人士，同省、市级政协相比，民主党派组织在政协组织中的作用发挥还不够充分。

二是界别优势作用不突出。政协换届时受结构比例影响，委员提名受到限制，界别之间不平衡，但有的界别人数较少，无法开展正常界别活动，一定程度上影响界别作用的发挥。

三是委员作用发挥不充分。基层政协委员中公职人员占比较高，组织委员开展集中学习、履职活动难度较大，往往将这部分委员教育管理依托所在部门、单位，导致委员履职积极性和主动性调动不够。

二、优化路径

地方政协必须立足于统一战线组织的功能定位，从多个方面切入，着力强化凝聚共识。

（一）在思想政治引领中凝聚共识

1.在党建工作中加强思想政治引领。首先要切实履行政治领导责任。地方政协要充分发挥党组的领导核心作用和党员的先锋模范作用，将党建工作与地方政协工作深度融合，加强政治认同、思想认同、理论认同和情感认同，在正确的政治站位和坚定的政治立场下加强团结、凝聚共识。其次要加强政协党组织和党员委员的党性修养。地方政协党组织和党员委员要压紧压实全面从严治党的主体责任，不断增强政治意识、培养政治能力，严守党的纪律，保持优良作风，锤炼忠诚干净担当的政治品格，筑牢信仰之基、补足精神之钙、把稳思想之舵，将政协建设成为团结服务群众的桥梁纽带。再次要加强政协委员和机关干部队伍建设，为政协委员加强思想政治引领、广泛凝聚共识提供载体。

2. 在深化学习教育中加强思想政治引领。党员委员和政协机关的领导干部作为地方政协工作中的关键少数，要带头学习、主动对标习近平总书记关于加强和改进政协工作的重要思想，更好地参政议政、进行民主监督。建立健全完善的学习教育制度体系，探索更加有效的学习形式，推动理论学习常态化、制度化、长效化。要将政协的集体学习和委员的自主学习相结合，把学习教育和履职实践相结合，通过多种方式增强学习实效，将学习教育做深做细做实，打牢共同奋斗的思想政治基础。

3. 在履职工作中加强思想政治引领。首先要积极引导政协委员协商议政，有序表达利益诉求。要结合实际工作特点探索更加科学高效的协商民主形式，优化建言献策机制，畅通政协委员协商议政的渠道，为各党派团体、各族各界人士表达利益诉求、参与国是讨论创造条件。其次要优化政协履职工作制度机制。优化议题选题、调查研究工作、宣传教育等机制，优化政协议政工作程序，鼓励政协委员广泛参与实践。完善制度格局，建立健全学习、履职、政协系统联系、评议评价等制度体系，用制度来规范和保障思想政治引领常态化推进。拓宽协商议政平台，运用现代化技术手段拓宽思想政治引领和广泛凝聚共识的工作平台，帮助政协委员在线上就国家和社会重大问题协商建言。最后要正确处理一致性和多样性的关系。坚持在增进一致性中尊重多样性，在包容多样性中寻找一致性，鼓励政协委员和各界人士民主协商、平等议事、理性对话，以协商聚共识、以共识固团结，"提高深度协商互动、意见充分表达、广泛凝聚共识水平"，汇聚起共襄伟业、共促发展的磅礴力量。

（二）在协商民主中凝聚共识

1.规范地方政府在公共决策中开展协商民主的行为。要培育地方政府的协商意识，增强协商能力，养成协商习惯。地方政府在进行重大经济社会决策，尤其是涉及当地广大民众切身利益的公共决策时，必须在决策前让民众和利益攸关方参与进来，进行充分的论证协商，并防止协商的随意性和选择性。

2.健全完善协商民主的工作机制。为确保地方政府公共决策中协商民主有序、有效地开展，应对谁来设定议题、谁来组织协商、按什么程序协商、协商结果如何运用等作出明确规定。协商内容上，主要是对重大经济社会决策，尤其是涉及当地民众切身利益的公共决策进行协商，而不是所有决策都要协商。协商组织上，必须是在党委领导下，有组织、依法依规地进行协商，不能是自发的、无领导的和无组织的协商。协商方式上，应通过多种形式让更多的民众参与进来，重点将威望高、口碑好、有影响力的"关键少数"吸纳进来，在充分协商基础上找到各方利益的最大公约数，使决策尽量做到符合大多数民众的意愿。协商程序上，要把"提议、告知、协商、决策、反馈、监督、评估"作为基本环节，事前进行充分协商，力求取得广泛的共识；事中有监督，确保执行不出偏差；事后有评估，让利益攸关方代表或第三方对执行结果进行评估，分析利弊，总结经验，从而使民众参与协商不仅成为公共决策的必备环节，而且是一个完整的民主决策的闭合过程。

（三）在联系群众中凝聚共识

1.拓宽民意反映渠道。地方政协应当加强与人民群众的联系，搭建更多方便群众反映民意的平台和载体，设置公开意见箱、政协委员直通热线和监督举报电话，利用电子政务等手段，让群众可以随时随地反映情况、发表意见。并将这些民意反映平台和方法，通过多种媒介进行宣传扩散，拓宽人民群众表达意愿的途径。

2.积极主动反映人民群众的意愿和要求。地方政协要发挥代表性强、联系广泛、下情上达的优势，胸怀"国之大者"，把人民群众遇到的实际问题和切身感受反映给决策机关。政协委员要履行职责，

有使命和担当意识，要敢于讲出人民群众的真心话，尤其是要敢于把群众呼声和诉求准确完整地反映上来，发挥中国特色社会主义协商民主的独特优势。

3. 全心全意为人民服务。政协委员必须牢固树立群众意识和服务意识，形成优良作风，把人民群众当作政协工作的根本动力、服务对象、工作目标，做到工作为了人民、工作依靠人民、工作成果由人民共享。政协委员要以为人民办实事为出发点，帮扶困难群众，认真履行对群众作出的承诺。对于群众反映的问题，政协委员要开展实地调研，梳理相关要点，综合研判，向有关部门寻求协商解决的办法，并督促相关部门解决。

（四）在建言资政中凝聚共识

1. 聚焦中心工作，找准建言靶向。委员建言资政要对现实有用，为当下服务，必须围绕党委政府中心工作，针对人民群众热点难点问题建言资政。积极围绕解放和发展生产力的中心任务，倾听各界别群众的呼声，将其对党和国家改革和发展的意见和建议，进行梳理、整合和统筹，为国家经济社会发展汇集民智，助推改革发展重大决策的出台和落地。

2. 深入调查研究，精雕建言质量。要充分调查研究，针对现实生活中存在的关键性和突出性问题，提出有参考价值的对策建议。政协委员在履职过程中通过主动调查研究群众关心的问题和社会发展的瓶颈问题，提出解决实际问题的有效工作提案。建言资政要以推动解决问题为核心，将意见提到要点上，切实提升凝聚共识的工作质量，通过聚焦改革发展的棘手问题建言资政来凝聚共识，聚焦人民群众最关心最期盼的问题建言资政来凝聚共识。

3.立足人民利益，巩固共识基础。建言资政本身要充分体现代表性和普遍性，充分反映各界别群众的利益诉求，形成事实上的最大公约数。要摒弃视不同意见为添乱、把强加于人作共识、将沟通商量当麻烦等错误观念，以道交友、以诚待人、以理服众、以商求同。要及时了解情况、分析问题，汇集民意、反映诉求，多讲老百姓喜闻乐见的话，形成热烈而不对立的讨论，开展真诚而不敷衍的交流，进行深刻而不极端的批评，广集良策促进决策优化，广聚共识推动决策实施。

4.推动机制建设，保障共识凝聚。一方面，政协委员要在各会议中，把发言、提问、回应、讨论作为重要环节，鼓励认真讨论而不各说各话、各抒己见而不偏激偏执，在交流中完善建议，在共商中集思广益，推动实现反映意见建议和解疑释惑良性互动、民主氛围和协商效果有机统一。另一方面，以在建言资政中凝聚共识搭建平台为出发点，在加强委员服务管理、激发委员活力等方面进行积极探索，建立政协班子成员联系政协委员等制度，针对委员履职平台不足、建言资政不够主动、委员的主体作用发挥不充分等长期困扰基层政协建言资政的问题，严格委员履职考核，完善委员履职档案，为委员在建言资政中凝聚共识提供制度保障。

（五）在合作共事中凝聚共识

1.落实好大团结大联合。从面上讲，政协召开主席会议、常委会议，可以邀请民主党派、无党派、工商联、各人民团体的领导同志列席，及时传达上级的方针政策和地区的重要工作安排，为更好履职、发挥作用创造条件。从线上讲，开展好主席联系常委、常委联系委员等工作，做到在政治上尊重关爱、工作上关心支持。从点上讲，激发委员履职热情，多开展委员联系界别群众活动，下到基层、服务到一线，主动联系群众，宣传党委政府决策部署，帮助排忧解难，真正把界别特色优势和委员主体作用发挥出来。

2.搭建更广泛的合作共事平台。要在专题议政、调研视察等政协重大活动中，鼓励各党派团体、各族各界人士"多发声"，引导他们"善发声"，支持他们"敢发声"，保障他们"愿发声"，让他们履职的舞台更广阔，让他们有更多的获得感、荣誉感、使命感。通过整合各方资源力量，注重发挥整体优势，加强与各党派团体、各族各界人士的协作配合，协同调研、共同协商，各方联动、形成合力，使地方政协切实成为联系各党派团体、各族各界人士的桥梁和纽带。

3.促进宗教和顺、社会和谐、民族和睦。政协各参加单位要平等相待、互相尊重、团结合作，促进政党关系、民族关系、宗教关系、阶层关系的友好和谐。努力协调关系，高度关注社会群体的所思所想，找准利益的结合点，凝聚推动改革的正能量。要全面贯彻党的民族政策和宗教政策，充分发挥宗教界人士和信教群众在推动经济社会发展中的积极作用，促进宗教和顺、社会和谐、民族和睦。

第二节
地方政协委员联系界别群众机制研究

习近平总书记在党的二十大报告中强调,"完善人民政协民主监督和委员联系界别群众制度机制"。近年来我省地方政协依托于统一战线组织的功能定位,在政协委员联系界别群众方面进行了积极探索和有益实践。同时调研发现,由于各类主客观因素的综合作用,这一方面也呈现出积极成效与制约因素相互交织、制度常态与短期行为相互并存的状态。现将基本情况报告如下:

一、突出问题

建立健全政协委员更好联系界别群众机制,是地方政协广泛联系和动员各界群众的可靠保障,是发挥地方政协桥梁纽带作用的有效依托。当前,地方政协在政协委员联系界别群众方面依然存在着一些突出问题。

(一)基层政协界别设置合理性不够

目前,基层政协的界别设置和界别委员的构成,基本上沿用了全国政协界别设置的模式,但结合地方实际情况,探索和调整不够,导致界别设置普遍性有余、代表性不足。地方政协界别界限不清楚,按照政党标准划分为中共党员、民主党派、无党派，按照团体标准划分为共青团、工商联等，按照职业标准划分为文化艺术、科学技术、经济、农业、教育、医药卫生等，导致出现交叉、重复现象。同时，界别设置没有可操作性的规定，界别设置和构成变动较为困难，一些代表新经济组织、新社会组织的重要阶层没有相应的界别设置，现有的界别之间还存在不平衡的问题，界别设置还不能完全适应经济社会发展和社会阶层的变化。

（二）基层政协的界别意识有待提高

基层政协在组织调研视察、民主监督等履职活动时，主要以集体名义组织实施，很少以界别名义组织实施，导致部分基层政协委员对自己的界别身份的认同度不高，归属感不强。界别组织化程度不高，除中共、民主党派和一些人民团体外，其他界别没有专门的组织机构，缺乏规范统一的工作制度，同一界别的委员之间关系比较松散，政协委员基本上以个人名义参加会议、提交提案、反映社情民意、参与视察和调研等履职活动，活动没有统一性，缺乏联合履职的途径和互相联系的平台。同时，基层政协委员中公职人员占很大比例，致使有些政协委员对界别组成没有直观感受，不清楚何为界别、何为界别群众，无法站在界别群众的立场和角度去思考和反映相关的问题和建议。

（三）政协委员联系界别群众制度机制有待完善

基层政协深入贯彻落实党中央决策部署，不断推进理论和实践创新，研究制定了委员联系服务界别群众的制度机制，取得了一定的工作成效，但仍然存在一些弱项短板。一方面，管理制度不够完善，对联系界别群众的目标、方式、内容等没有具体的量化评价指标，管理制度缺乏约束力，通过考核方式实现委员联系界别群众制度化、规范化、常态化方面没有可操作性。另一方面，委员联系界别群众的激励机制不够完善，没有制定具体的激励措施，市县政协评选优秀界别和先进个人、开展表彰等没有实现常态化，对委员联系界别群众的积极性、主动性和创造性调动不够。

（四）委员联系群众的内生动力有待提升

部分委员联系界别群众的主动性不强，自身主动开展联系活动较少，联系界别群众成效不明显，联系工作往往停留在收集问题层面，没有对界别群众提出的意见建议进行深入思考和了解，无法提出针对性的解决办法，影响了界别作用的发挥。

二、优化路径

地方政协要充分发挥政协委员在界别群众中的代表作用，更好联系、团结、引导、服务界别群众，唯此，才能当好党的政策宣传员、思想政治的引领者、界别群众的代言人，才能把中央的决策部署和对政协工作的要求落实下去。

（一）建立健全委员联系界别群众激励机制

地方政协要加强对广大政协委员的学习教育，提高委员的思想认识，增强委员对联系界别群众的内涵和价值属性认同，激发委员联系群众的内在动力和持久热情。建立完善联系界别群众的考评机制，从目标要求、主要任务、联系对象、联系方式、联系绩效等方面明确考评要求，将政协委员联系界别群众工作纳入委员履职管理的考核范围。各地政协要加强信息反馈力度，推动相关部门对委员围绕界别提出的提案、社情民意信息、建议等内容认真办理、及时回复，政协委员也要主动向界别群众进行反馈。对界别履职情况以及委员在界别中发挥作用的情况进行统计、考核，并通过适当形式进行通报。对表现突出的界别活动组、委员、联络员、召集人予以表彰，营造争先创优的良好氛围。

（二）建立健全委员与界别群众的联系沟通机制

完善政协委员联系界别群众工作的具体路径与联络机制，政协委员要在履职工作中做到走出机关、走到基层、走进群众、不摆架子、不装样子、不搞形式，切实加强联系群众的力度、广度与深度。各地政协要引导委员深入基层一线与群众进行常态交流，要在"走出去"与"请进来"中联系群众，让社会各界人士走进政协、了解政协、支持政协，在联系群众中营造良好的协商议政氛围。

1. 建立委员动态联系界别群众机制。每名委员每月动态联系3至5名本界别群众或本工作领域群众；同时，结合界别特点，可探索主动联系3个左右企业。委员每个季度向地方政协报送1次联系界别群众情况。

2. 建立委员主动走访联系界别群众机制。委员要主动进企业、进校园、进机关、进社区、进农村、进家庭，深入了解界别群众的困难问题和思想状况，多倾听群众意见建议，帮助解决群众的操心事、烦心事、揪心事。要充分利用电话、微信等方式与所联系的界别群众保持经常性、不间断的沟通联系，广泛收集民意、汇集民智，积极建言献策。

3.完善委员与界别群众互动协商机制。对联系走访中群众反映需要协商的事情，委员要在当地党组织的领导下，依托"委员工作站""协商议事室"等协商平台，积极参与协商活动，推动相关问题解决。各地政协要不断完善协商议事平台，为委员与群众协商互动创造条件。

4.健全委员帮助界别群众办实事机制。委员要发挥自身特点、优势和专长，开展政策咨询、技术指导、法律援助、科普宣传、义诊送医、文艺下乡、扶贫帮困、捐资助学等惠民便民服务和公益活动，力所能及为群众办实事解难事，履行委员社会责任。

5.健全委员团结教育引导界别群众机制。委员要准确宣传阐释党和国家重大决策部署和地方党委政府的中心工作，强化思想政治引领，唱响主旋律、弘扬正能量，协助党委政府做好协调关系、解疑释惑、理顺情绪、化解矛盾的工作，把界别群众团结在党的周围。

（三）健全完善委员联系界别群众的工作推进机制

各地方政协要推动政协委员联系界别群众工作更好落实落地落细，要把政协委员联系界别群众工作作为政协组织的重要履职内容，各专委会、各界别可根据年度履职安排和职责划分，研究确定所联系的重点对象并进行专题研究部署。政协组织要把政协委员联系界别群众工作与政协履职工作统一规划、统一部署、统一推进，督促所联系界别的委员做实联系。

1.建立健全开展界别活动制度。围绕界别活动的组织领导、形式内容、服务保障等作出规定，使各个界别开展活动有章可循、有据可依、有序运行。以专委会为依托，组织所联系的界别委员深入社区、农村、企业等基层一线，每年至少开展1次富有特色的界别活动，推动各界别群众思想上共同进步。

2.建立界别交流和联动制度。定期召开界别协商会议，在全体会议期间，召开界别小组会议、界别联组会议，围绕界别热点问题开展深入协商讨论；闭会期间，要探索建立界别深度协商机制，经济、科技、农业、教育、资源环境等界别要率先行动，针对民企发展、基础研究、科技成果转化、农业现代化、办好人民满意的教育、生态环境保护等重点问题，选择一些小切口、大议题，通过界别协商座谈会、专家

协商会、界别群众关注问题恳谈会等形式开展深度协商。

3.完善界别发言制度。在全体会议、专题议政性常委会、专题协商会、月协商座谈会以及其他形式的协商活动中,支持和鼓励相关界别委员以界别名义发表意见,提出建议。

4.健全界别提案制度。加大界别提案的组织征集力度,引导各界别每年以界别名义提交一定数量的提案。重视界别提案,筛选其中重点提案列为领导督办提案并参与优秀提案评选。

5.健全界别社情民意信息机制。组织委员常态化深入群众,及时了解、收集界别群众的呼声和愿望,传实情、解疑惑、促共识,及时报送一批重点界别社情民意信息。

（四）健全完善组织推动和服务保障机制

面对新时代地方政协工作新任务新要求，更好推进政协委员联系界别群众工作，需要进一步优化履职环境，夯实基层基础，完善保障机制。

1. 发挥专委会的基础性作用。完善专委会制度，明确专委会委员组成。依托专委会建立若干个界别活动组，在本人自愿的前提下，可邀请相关界别的住甘全国政协委员加入活动小组，由专委会主任担任召集人，办公室主任担任联络员。每个界别活动组设一名组长，各民主党派、工商联界别活动组长由各民主党派专职副主委、工商联常务副主席担任，其余界别活动组长可由各专委会副主任担任，负责委员联系界别群众的组织协调，做好界别调查研究、界别座谈会、界别发言、界别提案、界别社情民意信息、委员活动日等活动的组织实施，确保界别工作落到实处。各专门委员会要结合各自工作特点和实际，积极探索创新委员联系界别工作的途径载体、方式方法，持续提升工作实效。

2. 强化党派团体的组织推动作用。充分发挥党派团体联系一界、团结一片、引领一方的作用，完善各民主党派以本党派名义在政协发表意见、提出建议的机制性安排，为民主党派和无党派人士在政协更好发挥作用创造条件。

3. 强化政协办公厅的服务保障作用。政协办公厅要为委员联系界别活动提供必要的经费保障，创造活动条件，做好界别意见办理情况反馈和情况通报等工作。充分利用民主协商报、政协发布、政协网站、政协微信公众号等媒体平台和社会主流媒体，广泛宣传委员联系服务界别群众典型和经验，树立政协委员履职为民良好形象。

4.加强对委员联系界别工作的领导。在地方政协党组领导下，政协机关、各专委会要把委员联系服务界别群众工作列入重要议事日程，不断健全完善组织保障制度机制。将委员联系服务界别群众情况作为各部门年度履职考核评价的重要内容和评比表彰的参考依据。

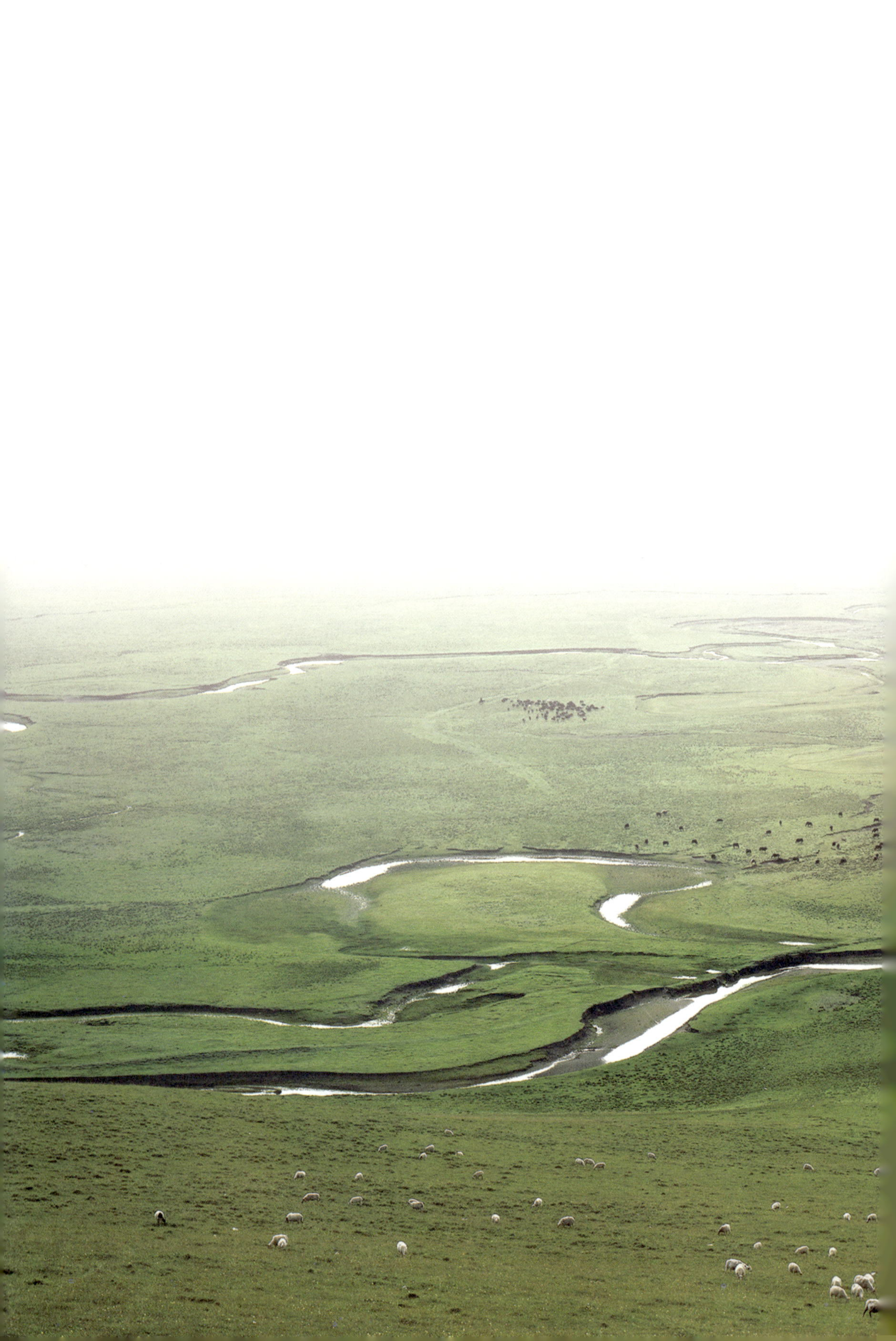

第六章

以改革创新精神全方位提升新时代地方政协履职能力机制研究

加强政协履职能力建设，是新时代新使命对人民政协提出的新要求，是做好政协工作的长期任务和永恒主题。地方政协必须不断改进履职方式，提高履职能力、增强履职实效，为政协事业高质量发展奠定坚实基础。

一、重大意义

全方位提升新时代地方政协履职能力，是服务中国式现代化地方实践、助力经济社会高质量发展的客观要求，是助力地方党委政府决策部署落实落细的必然要求，是推进协商民主广泛多层制度化发展的内在要求，是开创新时代地方政协工作新局面的现实要求。只有全方位提升履职能力，才能更好服务中国式现代化实践，更好服务地方党委政府中心大局，充分发挥协商民主重要渠道作用，保持政协系统的生机活力，促进地方政协事业高质量发展。

二、差距不足

（一）专门委员会基础性作用发挥还不够充分

专门委员会之间工作质量和成效不够平衡，少数专门委员会同志"一线意识"树得不够强，不同程度地存在"船到码头车到站"的二线思想；个别专门委员会对如何组织委员、调动界别群众的办法不多；上下专门委员会对口联系协作还不够紧密；高质量、有影响的履职成果还不够多。

（二）政协委员和政协干部"两支队伍"建设有待进一步加强

委员队伍建设上，个别委员仍是"名片委员""年度委员"；委员意识、履职意识还需增强；履职能力和水平参差不齐；履职积极性、主动性、创造性还需进一步提升。政协机关干部队伍建设上，部分干部能力素质还不能完全适应新时代人民政协事业发展的迫切需要；年轻干部在机关占比不高。

（三）政协界别的特色还没有得到充分彰显

界别意识还不强，界别委员之间联系不紧密，委员个人意见不能充分体现界别"声音"。界别设置有待完善，界别特色不够明显，有的界别人数过少，有的界别如特邀界人数较多且以中共人士、党政部门领导为主；界别界限不够明确，如中共和特邀、工商联界和经济界等存在人员交叉重叠；委员联系界别群众还不够深入有效。

（四）政协机关的服务保障作用有待加强

工作作风还需改进，机关管理还需加强；文化政协、书香政协建设还需持续用力；市县政协机关普遍存在基础工作薄弱、人员力量较为薄弱，干部交流缓慢，年龄老化，进来多、出去少，机关活力不够强等问题。

（五）政协上下联系指导还不够常态长效

省市县三级政协上下联系指导的平台载体搭建还不多，工作开展还不够经常化、制度化；省内市州之间、县市区之间横向联系交流较少；省市县政协之间上情下达和下情上传机制还需完善；三级政协联动履职助力地方经济社会高质量发展还没有完全形成机制化安排，全省政协系统履职合力需要进一步凝聚。

三、实践路径

新征程上，要按照"懂政协、会协商、善议政，守纪律、讲规矩、重品行"的要求，高度重视政协履职能力建设，不断加大政协委员、政协干部的教育培训力度，充分发挥专门委员会基础性作用、界别特色和优势作用、政协机关服务保障作用，加强上下工作指导和联络联系，推动全省政协系统履职能力大提升，履职水平大提升。

（一）健全充分发挥专门委员会基础性作用机制

一是健全党建引领专门委员会工作机制。完善加强专门委员会思想建设、组织建设、作风建设和制度建设的制度机制，提高专门委员会自身建设水平。

二是健全政协专门委员会与党政对口部门联系机制。借助党政部门和社会各界外力，做好组织协调，确保政协专门委员会工作与党政工作同频共振，增强专门委员会工作合力。

三是健全"专门委员会+"履职机制。创造环境，搭建平台，通过政协专委会，构建联系党政相关部门、社会各族各界的多渠道协商建言机制，彰显各专门委员会的特色与优势。

四是健全科学制定年度协商计划机制和加强调查研究机制。围绕选题要准、调研要深、建言有用，完善年度协商计划制定机制，组织政协委员和专家学者参与调研，深入研究，广泛协商，提升专门委员会协商建言的质量和水平。

（二）健全加强政协委员、政协干部"两支队伍"建设机制

政协委员队伍建设上：

一是健全委员学习培训机制。构建贯通省、市、县全覆盖的政协委员学习培训制度和委员个人自我学习提升的"读书+履职""理论学习+履职实践"机制，持续提高政协委员的履职能力和水平。

二是健全委员责任落实机制。持续推进"两个全覆盖"，优化委员队伍构成，严把委员"入口关"，强化委员的政治责任，强化落实"懂政协、会协商、善议政，守纪律、讲规矩、重品行"要求的责任，强化团结引导界别群众的责任。

三是健全发挥委员主体作用机制。搭建平台载体，引导督促政协委员紧扣主责主业，积极在政治协商、民主监督、参政议政、凝聚共识中发挥主体作用，强化"委员作业"履职考评。

四是健全委员联络联系机制。定期不定期走访看望联系委员，听取住地政协委员意见建议，增进交流与感情，及时了解掌握委员工作和生活情况及所联系界别群众的意愿和诉求。

五是健全政协委员履职服务管理和激励约束机制。坚持和完善政协常委述职、政协委员履职情况报告制度，加强履职服务管理，完善激励机制，选树优秀政协委员等先进典型事迹，进行宣传推广，对履职不力或违纪违规的政协委员，进行约谈提醒或按程序撤销政协委员资格。

政协干部队伍建设上：

一是健全教育培养机制。进一步加强政协干部的学习培训，改进学习培训方式，不断加大年轻干部培养力度，优化机关干部队伍结构。

二是健全干部交流机制。推进政协机关干部与党政干部的交流，改变"进来多、出去少"的局面，激发年轻干部工作活力。

三是健全激励关怀机制。在政协干部任职年限上，建议借鉴安徽省阜阳市的做法：市级政协主席年满63岁退休，副职年满61岁退休。

四是健全增强机关工作力量机制。建议借鉴安徽省阜阳市的做法：推进市县政协领导、专委会主任副主任不占机关编制；在现有编制内，选调热爱政协工作的年轻干部充实机关工作力量，夯实政协机关工作基础。

（三）健全完善充分发挥界别纽带作用机制

一是健全界别工作基础机制。突出界别特点优势，明确界别功能定位，强化政协界别意识，树立界别群众观念。

二是优化界别委员结构。健全界别组织形式，建立界别工作制

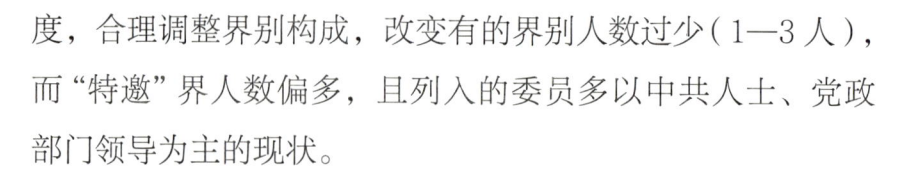

度，合理调整界别构成，改变有的界别人数过少（1—3人），而"特邀"界人数偏多，且列入的委员多以中共人士、党政部门领导为主的现状。

三是健全发挥平台作用机制。健全政协专委会与党政对口部门联系、与界别委员联系机制，持续推进政协协商向基层延伸工作，发挥界别联系群众、凝聚人心、化解矛盾的优势作用。

四是健全服务界别工作机制。加强界别委员管理制度，丰富活动载体形式，强化联动配合，使委员的个体优势和界别的整体优势结合得更加紧密，增强界别活动成效。

（四）健全完善发挥政协机关服务保障作用机制

一是完善机关党建工作机制。把全面从严治党要求贯穿于机关各项工作之中，加强机关思想建设、组织建设、制度建设、作风建设、党风廉政建设。

二是健全机关服务保障机制。健全完善办文、办会、办事工作制度，提高服务政协领导、政协机关、政协委员"三服务"水平，强化机关干部职工全局观念、服务意识。

三是健全完善作风建设机制。以开展"三抓三促"行动为契机，强化机关制度执行和落实，推进机关工作作风改进提高，进一步优化政协机关工作环境，营造良好工作氛围。

四是健全文化政协、书香政协建设机制。打造机关文化阵地，组织开展文化体育艺术活动，深化文明单位创建，推进建设文明模范机关。

五是健全服务保障机制。加强和党政相关部门的沟通协调，加强政协履行职能必要工作经费和委员履职经费保障，列入财政预算，加强规范管理。

六是健全完善解决市县政协"两个薄弱"推进机制。积极呼吁党政有关部门不断解决市县区政协办公室、专门委员会工作力量薄弱问题，增强和激发基层政协机关工作活力。

（五）健全完善省、市州、县市区三级政协组织协同联动助推全省经济社会高质量发展机制

一是建好协同联动网络平台机制。依托智慧政协平台，打造覆盖省、市州、县市区的"甘肃智慧政协"APP等网络平台，推动履职工作线上线下、网上网下同频共振。

二是畅通上情下达和下情上传机制。通过工作通报、工作通讯、信息简报等多种形式，上情下达、下情上传，推动政协履职的触角自上而下，让协商建言的作用自下而上，提高工作实效。

三是建立健全八项具体工作机制：

1.建立健全省政协领导同志指导市县政协工作机制。融指导于市县调研、视察、提案办理等工作中，提出指导意见，听取建议呼声，推动工作开展，发挥省政协在联动履职工作中的主导作用。

2.建立健全三级政协纵向横向联系交流机制。定期举办座谈会、联席会、研讨会等，扩大联动面，增强互动性，提高实效性。

3.建立健全三级政协联动履职机制。依托省市县三级政协专委会，围绕全省工作大局和群众关切的民生问题，对口联动选题、联动调研、联动建言，形成履职合力，服务全省发展大局。

4.建立健全贯通三级政协的学习培训机制。依托智慧政协平台、党校等平台，开展覆盖全体政协委员的专项学习、专题培训，常态

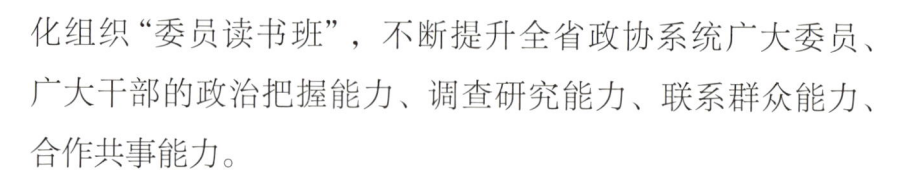

化组织"委员读书班"，不断提升全省政协系统广大委员、广大干部的政治把握能力、调查研究能力、联系群众能力、合作共事能力。

5. 探索建立健全省、市州、县市区政协机关干部上下挂职交流机制。探索建立省政协机关干部到市县挂职、市县政协干部到省政协机关挂职跟班学习机制，推动政协机关干部接受政治历练、思想淬炼、实践锻炼，推动全省政协系统干部能力水平大提升。

6. 建立健全三级政协一体推进基层协商议事室建设机制。将住地省、市、县三级政协委员编入基层协商议事室，围绕议题开展基层协商，推动政协协商向基层延伸取得实效，打造聚力百姓更近更为便捷的履职服务平台和更加顺畅的实现路径。

7. 建立健全三级政协一体推进政协文史工作机制。建立省政协文史委统筹，科学编制文史资料征编规划，省域内一体推进文史资料征编工作，突显甘肃文化文史资源禀赋和各市州、县市区特色，做到用文化的力量凝聚人心和共识，充分彰显甘肃在"一带一路"建设中的独特优势。

8. 建立全省政协系统信息宣传一体化工作机制。依托智慧政协平台和《甘肃政协》杂志、《民主协商报》，刊发反映省市县政协工作的动态信息，推动全省政协系统履职信息互联互通、经验互学、工作共推、汇聚合力，同时积极向外宣传推介甘肃，讲好甘肃政协的故事，发出甘肃政协好声音，形成全省政协工作的强大合力。

第一节

地方政协发挥委员主体作用实践路径研究

政协委员是人民政协履行职能的主体。充分发挥委员主体作用，是推动政协工作守正创新提质增效的基础和关键。面对新时代赋予的新使命新任务，地方政协要贯彻落实习近平总书记关于加强和改进人民政协工作的重要思想以及党的二十大对人民政协工作的新部署新要求，把更好发挥委员主体作用作为地方政协工作实现高质量发展的突破口和着力点，为加强和改进地方政协工作、提高政协履职能力和水平作出积极贡献。

一、委员履职路径的实践与成效

近年来，白银市政协主动适应新时代人民政协工作新使命新要求，坚持委员主体地位，始终以改革思维、创新理念、务实举措大力推进履职能力建设，不断加强和改进委员服务管理，在思想政治引领、履职能力培训、履职平台建设、履职评价考核等方面持续探索创新，着力扛牢委员政治责任、增强委员履职本领、打造委员履职名片、激发委员履职活力，取得了丰硕成果。通过正向激励和反向鞭策，委员履职热情持续高涨，履职优秀委员不断涌现，展现了

新时代政协委员"心有大局、胸有良策、肩有担当"的模范风采，在助力全市经济社会高质量发展中发挥了突出作用，贡献了智慧和力量。

二、当前发挥委员主体作用存在的问题

（一）委员履职意识还需进一步增强

个别委员对自己政治角色和职责使命的理解与新时代的新要求相比还有一定差距，没有充分认识到自身肩负的使命和任务的重要性，有时不能正确处理本职工作与履行委员职责的关系，致使委员主体意识还不够强，从而在思想上不够重视参加会议、撰写提案、调研协商、议政建言等履职活动。

（二）委员能力素质还需进一步提升

部分委员在本职岗位上是行家里手，但对于国计民生、社会问题等方面的关注相对较少，深入基层调查研究不够经常，不能有效集中各类意见和智慧，有时出现参政参不到点子上、议政议不到关键处的情况。部分新委员对政协理论知识掌握还不够全面，对政协工作方式还不够熟悉，能力素质还不能完全适应履职需要。

（三）履职保障机制还需进一步完善

受人员编制不足等因素影响，地方政协机关"两个薄弱""一委一人"的问题还未彻底解决，对委员的服务与管理还有待加强。平时组织会议、活动形式比较单一，规模相对有限，有些委员很少参与有关活动。虽然建立了相应的履职

考核机制，但对优秀委员的奖励机制和措施还不够完善，对委员的激励引导作用比较有限。委员参加政协活动的时间、经费等保障机制方面，缺少统一标准和可操作性的规范。

（四）履职成果转化还需进一步加强

从外部环境来看，各部门、单位重视和支持政协工作还不平衡，个别单位对政协工作不能给予足够重视，也不能很好地回应和办理委员的提案、社情民意信息、意见建议等履职成果。从内部管理来看，还没有建立起有效促进委员履职成果转化的制度机制，更多靠党政主要领导的批示和政协办公厅（室）与党政部门的沟通协调，对委员履职成果的跟踪反馈、办理落实都有待加强。

三、发挥委员主体作用的路径探索

充分发挥委员主体作用，是做好新时代政协工作的关键所在。政协组织要在总结传承历届政协工作好经验、好做法的基础上，积极探索拓宽委员履职的途径和渠道，健全履职服务机制，引导广大委员切实强化主体意识和责任担当，努力在围绕中心、服务大局中体现自身价值，更好发挥在政协工作中的主体作用。

（一）紧扣主责主业，健全完善委员参与政治协商工作机制

一是把握协商重点。熟练掌握政治协商的基本方式、基本原则、协商对象和主要内容，聚焦党委、政府工作的重点、群众关心的热点、社会治理的难点开展协商，助力科学决策、有效施策。

二是丰富协商形式。在加强全体会议广泛协商的同时，不定期组织召开专题议政性常委会议、专题协商座谈会、专委会专项协商会等协商活动，创新协商方式，邀请党政有关领导现场或通过视频

听取委员意见建议。

三是提升协商质量。在协商计划制定方面,坚持围绕党政中心任务确定协商议题、制定协商计划,并按程序报同级党委审议通过后组织实施;在协商活动开展方面,坚持调研于协商之前,协商于决策之前和决策实施之中,使委员在调查研究和知情明政基础上有的放矢建言献策;在协商成果转化方面,建立健全协商成果采纳、落实、反馈机制,确保事事有着落、件件有回音。

(二)聚力协商监督,健全完善委员参与民主监督工作机制

一是强化监督职能。因地制宜探索完善"协商+监督"工作链条,寓监督于会议、视察、提案、专题调研、大会发言、社情民意信息等工作之中,实现民主监督与政治协商、

参政议政职能的相互关联和有效融合。完善民主监督知情明政、协商交流、办理反馈、权益保障等机制，切实保障民主监督作用得到有效发挥。

二是参与专项监督。推荐有相关专业特长的委员通过担任执法监督员、人民陪审员以及参加各类听证会、对政府职能部门开展民主评议等方式行使政协民主监督职能。

三是开展专项检查。制定年度协商计划时，围绕党和国家重要决策部署在基层的贯彻落实、地方经济社会发展规划的落实、群众关注问题的解决落实等，增加监督性调研视察议题，通过视察监督及时发现问题、提出对策建议，促进问题解决。按照党委、政府安排，紧盯阶段性重点工作实施专项督查督导，有效助推专项工作落实。

（三）围绕中心大局，健全完善支持委员参政议政工作机制

一是聚焦发展大局建言资政。着眼于重大项目实施、重要政策落实、营商环境优化、招商引资、乡村振兴等重点工作，深入调查研究，通过调研报告、大会发言、委员意见建议等方式提出有见地、高质量的对策建议。

二是聚焦突出问题献计出力。针对公共卫生、乡村振兴、教育医疗、民生保障等领域的短板弱项，在深入调研的基础上，积极撰写提案、反映社情民意信息，提出务实管用的解决办法。

三是聚焦基层治理协商沟通。落实党的二十大"健全各种制度化协商平台，推进协商民主广泛多层制度化发展""积极发展基层民主"的要求，持续推进政协协商向基层延伸，围绕基层社会治理中的矛盾焦点和群众关心关注的"急难愁盼"问题开展经常性协商沟通，

促进基层协商民主落实落地，推动基层治理体系和治理能力现代化。

（四）坚持同心同向，健全完善促进委员凝聚共识工作机制

一是拓展思想政治引领渠道。优化各类调研协商活动的议题设置、程序安排、成果体现，建立健全政协党组成员同党外委员谈心交流、主席会议成员走访看望委员、专门委员会联系界别委员等制度。健全联系党外知识分子、非公有制经济人士、新的社会阶层人士、少数民族人士、宗教界人士等机制，畅通诉求表达渠道，提高团结联谊工作质量。

二是注重用文化凝聚共识。把文化艺术交流作为表达思想、增进认同的有效方式，持续加强书香政协建设，组织政协委员发挥自身特长，在书画艺术交流互鉴中凝聚共识。发挥文史资料在"存史、资政、团结、育人"中的重要作用，加强政协文史工作，组织政协委员发挥专业优势，在史料研究中凝聚共识。

三是做好界别群众工作。全面落实省政协《关于建立委员联系界别群众制度机制的意见（试行）》，督促引导委员通过考察调研、政策宣讲、结对关爱等途径，加强与界别群众沟通交流，协助党委和政府做好协调关系、理顺情绪、化解矛盾等工作。鼓励委员在其工作单位、居住社区（村）就近就地开展群众工作，宣传党的理论和路线方针政策，及时反映群众意见和建议。

（五）紧跟时代步伐，健全完善加强委员自身建设工作机制

一是优化委员队伍结构。根据统一战线内部结构变化、经济社会发展和基层治理需要，统筹考虑委员数量规模和人选在界别的代表性，结合实际适当提高党外知识分子、新的社会阶层人士等代表人士的比例，确保界别设置更加科学，委员队伍结构更加合理。

二是增强委员履职能力。建立健全委员培训制度，制定培训规划，开展年度集中培训和分级分类培训，提高委员履职能力，夯实委员履职基础。

三是加强委员服务管理。统筹安排协商议政会议和视察考察调研等活动，让更多委员参与其中。全方位建立起委员履职保障、服务管理、评价考核的制度机制，完善委员退出机制，切实规范委员履职行为。

四、落实委员履职制度机制的建议

为了有效落实各项制度机制，促进政协委员更好履职，建议：

（一）加强履职指导

建立政协委员履职指导机制，提供培训和交流平台，帮助委员了解履职要求、提高履职能力。

（二）强化信息支持

加强信息化建设，畅通委员获取政府工作信息的渠道，搭建委员履职的智慧平台，推动委员履职工作的全面升级。

（三）深化沟通交流

建立政协委员沟通交流平台，包括定期座谈会、专题研讨会等，鼓励支持委员之间，特别是委员与政府职能部门之间进行密切交流，以便政府能够更好地听取和采纳政协委员的意见。

(四)完善评价考核

严格落实政协委员履职评价考核制度,定期对委员履职情况进行评估和考核,激励委员更好履职。

(五)加强服务保障

完善落实委员履职保障制度,为委员履职提供必要的补贴和保障,创造良好的履职条件。

第二节
地方政协发挥专门委员会基础性作用机制研究

政协专门委员会是政协常委会议和主席会议领导下的工作机构，是政协联系委员的重要纽带，是政协履行职能的重要载体，在政协工作中具有基础性地位和作用，在加强思想政治引领，深入资政建言，广泛凝聚共识等方面发挥着重要作用。

一、工作现状

近年来，省政协和各市州、县市区政协牢牢把握专门委员会工作的性质定位，充分发挥协调、组织、搭台的作用，履职工作有声有色，反响良好。一是组织机构和职能任务进一步健全拓展，二是围绕中心服务大局的意识进一步增强，三是勇于担当作为的工作状态进一步突显，四是履职方式和制度建设进一步规范健全，专门委员会工作的制度化、规范化、程序化水平不断提升。

二、差距不足

一是专门委员会之间工作质量和成效还不够平衡，存在忙闲不均现象。二是少数专门委员会同志"一线意识"树得不够强，不同程度地存在"船到码头车到站"的二线思想。三是组织动员各方资源力量的能力还需提升，个别专门委员会对如何组织委员、调动界别群众的办法还不够多；与各民主党派、工商联合作共事的能力还有待提升；上下专门委员会对口联系协作还不够紧密。四是高质量、有影响的履职成果还不够多，协商成果的转化运用还不够理想。五是专门委员会人员力量相对比较薄弱，普遍存在人员编制较少、年龄偏大现象，特别是县区政协"一委一人"现象依然存在。

三、优化路径

（一）健全完善加强专门委员会党的建设机制

一是把牢正确履职方向。将党的领导落实体现到专门委员会工作的全过程和各环节，深入学习贯彻习近平新时代中国特色社会主义思想和党的二十大精神、习近平总书记关于加强和改进人民政协工作的重要思想，忠诚拥护"两个确立"，增强"四个意识"、坚定"四个自信"、做到"两个维护"。

二是增强思想行动自觉。认真学习新修订的政协章程，熟练掌握专门委员会工作的特点和规律，围绕发挥基础性作用履职尽责，主动作为。

三是落实全面从严治党责任。健全专门委员会重大事项向省政协党组及时请示汇报制度；进一步加强专门委员会分党组建设，推进党的组织对党员委员的全覆盖、党的工作对政协委员的全覆盖。

四是发挥"关键少数"作用。以党建为引领，中共党员委员示范带动，促进专门委员会工作整体提升。

（二）健全完善提高专门委员会履行职能实效机制

一是健全完善科学制定年度协商计划机制。及时召集对口联系党政部门和界别委员代表协商座谈会，围绕党委政府中心工作，充分征求意见，提出协商议题。

二是健全完善多渠道协商建言机制。积极提交集体提案或组织委员提交个人提案，组织好界别委员参与大会发言。认真负责开好专题议政性常委会议、专题协商会、对口协商会、提案办理协商会，更为灵活经常地做好服务委员知情明政和协商议政工作。

三是健全完善加强调查研究机制。坚持调研与协商相衔接，规范科学选题、人员组织、调研论证、成果转化、跟踪反馈等流程。加强与党政部门、党派团体、科研院所和有关智库、专家学者等各方面联系联络，开展高质量课题研究。

四是健全完善协商议政机制。规范协商内容、参加范围、讨论原则、基本程序、交流方式等，推动政协协商深入开展。

五是健全完善增强协商实效机制。引导委员树立协商理念，提升协商素养，遵守协商规则，增强互动能力和知识储备。完善知情明政机制，建立协商议政质量全过程评价机制。运用现代传媒手段，扩大政协协商成果传播范围。

（三）健全完善增强专门委员会工作合力机制

一是健全完善加强常务委员会、主席会议对专门委员会工作领导机制。建立健全专门委员会对常务委员会、主席会议负责机制，落实重大事项请示报告和总体工作情况定期汇报、重要工作专题汇

报等制度。

二是健全完善加强专门委员会组织建设机制。认真落实主席会议成员分管专委会工作责任制。建立专门委员会委员动态调整机制，严明工作纪律和工作程序。

三是健全完善搭建委员履职尽责平台机制。结合专门委员会自身实际和工作规律，为界别委员搭建各具特色、各有侧重的履职平台。落实专门委员会委员每年至少参加一次本专门委员会履职活动、专门委员会所联系界别的委员每届至少参加两次该专门委员会活动要求。

四是健全完善加强与上下级政协专门委员会工作联系指导机制。加强与全国政协对口专门委员会的请示、汇报，积极争取全国政协的支持与指导。建立省、市州、县市区政协专门委员会工作沟通协商机制，研究本专门委员会领域工作，交流经验做法。

五是健全完善专门委员会与党政部门工作协作机制。以议题为纽带，建立健全专门委员会与党政部门对口联系机制和双向情况通报机制。

六是健全完善专门委员会推进团结合作和对外交流工作机制。完善专门委员会会同民主党派等开展联合调研、联办协商活动的机制。加强同党外知识分子、非公有制经济人士、新的社会阶层人士的沟通联络，做好团结引导工作。加强与少数民族界、宗教界代表人士的联系。加强"三胞"（港澳同胞、台湾同胞、海外侨胞）及亲属团结联谊工作。

（四）健全完善提高专门委员会自身建设水平机制

一是健全完善加强专门委员会干部队伍建设机制。以党的建设示范引领专门委员会自身建设，选优配强专门委员会干部队伍。

二是健全完善对专门委员会工作服务保障机制。政协办公厅（室）要统筹做好协调服务保障工作，从活动经费、人员配备、车辆安排、会议场所、办公条件等方面为专门委员会开展工作提供服务保障。

三是健全完善专门委员会履职考核评价机制。

第三节
地方政协发挥界别作用机制研究

界别是人民政协产生、存在和发展的组织基础。通过界别履行职能、发挥作用既是人民政协的显著特色，也是其独特的优势。建立健全发挥界别作用的制度机制是地方政协有效发挥界别作用的运行基础和根本保障。

一、探索实践

近年来，各地方政协在发挥界别作用及运行机制方面，积极开展了一些有益的探索。

（一）积极探索完善，营造良好工作氛围

建立了《委员联系界别群众制度》《走访看望委员、民族宗教界人士制度》《与党外委员开展谈心谈话制度》等制度，建立完善了《委员履职工作规则》《委员提交年度履职报告工作制度》等制度规定，促进委员与界别群众开展经常性沟通联系，强化督促检查和履职管理。组织动员界别委员积极挖掘整理、出版发行文史丛书，开展书画展览活动。利用政协网站、微信公众号等宣传报道政协各项活动和界别委员履行

职责情况，形成了发挥界别作用的良好舆论氛围。

（二）突出联系服务，充分发挥界别作用

严格落实《委员培训工作制度》等制度，开展经常性教育引导和学习培训活动，提升政协委员联系服务界别群众的整体素质和工作能力。完善联系委员机制，落实政协领导、常委联系委员等工作制度，带动委员主动发挥主体作用。积极落实《各民主党派、工商联参加政协协商加强与政协专门工作委员会对口联系制度》，保证了各民主党派、工商联等界别委员在调研视察、民主监督等工作中发挥作用。落实《关于加强与县（区）政协联系和指导的实施办法》，听取全国政协委员、省政协委员在经济社会发展中的意见建议，形成了各级政协的良好协同联动效应。探索形成了党委有部署、政协有行动、界别委员有响应的工作机制。

（三）搭建履职平台，丰富界别工作内容

落实《政协常委会会议安排界别委员列席工作制度》，组织界别委员列席主席会议、专委会会议和各类座谈会，鼓励引导委员以界别名义发言，为科学决策提供参考。落实《协商座谈会制度》，定期邀请各界别委员和有关部门负责同志座谈交流、听取意见建议，形成了既畅所欲言、各抒己见，又理性有度、合法依章的良好协商氛围。制定并落实《专门委员会通则》规定，组织实施各类界别委员活动，确保了界别工作落到实处。探索开展政协协商向基层延伸工作，提升了政协工作影响力和覆盖面。制定了《提案工作条例》《评选表彰优秀提案实施办法》，鼓励委员以界别名义提出集体提案，提升提案办理质量。建立反映社情民意信息工作机制，及时了解、收集界别群众的呼声和愿望，及时报送重点界别社情民意信息。

二、短板弱项

（一）思想认识方面：

一是界别意识有待进一步增强。政协组织以界别名义开展活动较少，特别是经常性工作多数不以界别为单位组织，存在"外行人"参加专业性工作的现象；政协委员履行职责多数以个体"发声"，界别身份的观念淡薄。

二是界别委员之间联系不够紧密。同一界别的委员之间缺乏组织联系的平台，难以形成界别的整体合力。

三是委员个人意见不能充分体现界别"声音"。绝大多数委员反映的意见建议是零散的个性问题，不能充分体现和代表本界别的整体"声音"。

四是委员能力素质有待进一步提高。部分委员对本界别工作的政策要求和法律法规掌握不全面，提不出好的意见建议和政协提案，参政议政能力有待进一步提高。

（二）界别结构方面：

一是界别设置有待完善。各级（地）政协界别设置不尽相同，界别设置有待完善，新媒体、农民工、中介机构、邮电快递、网络电商从业人员等，在界别构成中体现得相对较少，甚至空白。

二是界别特色不够明显。部分界别人数过少，甚至个别界别只有1~3人，难以以界别名义组织开展活动。"特邀"界别人数较多，且列入的界别委员大多数以中共人士、党政部门领导为主，界别特色不明显。

三是界别界限不够明确。部分界别存在人员交叉重叠的问题，工青妇界别设置不一，需与新的社会阶层人士统筹计划。

（三）组织平台方面：

一是界别组织建设不够全面。除中共、民主党派和一些人民团体外，其他各界别没有专门的组织机构和规范统一的工作制度。一些地方政协虽然建立了界别召集人制度、界别活动小组，但仅仅停留在制度层面，没有形成开展界别活动的有效工作机制。

二是界别委员划分不够合理。一些地方政协在实际工作中，不同界别的委员被编入同一个专委会、同一界别的委员被编入不同专委会的问题突出，界别的特点和优势不明显。

三是基层协商平台运行困难。基层政协委员工作站等平台作用发挥不明显，存在完任务、外行指导内行的现象。作为乡（镇）政协委员工作站负责人的党委副书记，兼职太多且调动频繁，难以有效发挥组织协调作用。

（四）服务保障方面：

一是界别委员的产生与管理处于"尴尬"局面。目前，政协委员的"入口关"由党委组织、统战部门审核把关，政协组织和政协工作人员对委员在该界别群众中的号召力、影响力和组织力知之甚少，对委员产生、退出等没有话语权，致使在组织有关活动时存在"叫不动、请不到""联系不上""我就不参加"的尴尬局面。

二是政协机关"心有余而力不足"现象比较突出。地方政协机关中普遍存在年龄偏大人员多、年轻同志少，编外人员多、在编人员少的问题，具体干事、"动手跑腿"方面"心有余而力不足"的问题比较突出；界别工作主要依托政协专委会，而专委会作为界别工作的

机构职责不明确，界别工作缺乏规范化制度；大部分县（区）没有设置专门服务管理委员的工作机构，由办公室代行职责，即使有，也难以保证工作人员。

三是制度机制的顶层设计滞后。对界别作用发挥缺乏系统性的顶层设计，各地政协虽然探索建立了一些制度，但能否全面落实还需在实际工作中检验。

四是鼓励支持工作需要加强。优秀调研报告、优秀提案、优秀社情民意和先进界别等评选和考评激励机制相对滞后，委员中存在"干与不干一个样"的消极思想。

三、意见建议

发挥地方政协界别作用要坚持以习近平新时代中国特色社会主义思想为指导，深刻领悟"两个确立"的决定性意义，增强"四个意识"、坚定"四个自信"、做到"两个维护"，自觉用党的二十大精神统一思想和行动，加大现有制度的完善和落实力度，探索创新工作机制，深化拓展界别工作。

（一）健全界别基础工作机制

一是突出界别特点优势。完善界别工作各项制度机制，突出界别在协商议政中的重要地位，组织委员以界别的名义作大会发言，让委员代表本界别提出意见、发表主张，使本界别的整体诉求和社情民意更加畅通地反映上来，使政协委员的聪明才智和专业特长更加集中到所熟悉的领域上来。

二是明确界别功能定位。探索以界别小组为基本单位开展界别活动，建立固定的政协委员界别小组，建立界别召集人制度，赋予界别小组联系界别群众、组织参政议政和管理政协委员的职能，根据界别领域相近的原则，组建若干个界别联组，发挥好政协委员代表界别群众并向界别群众负责的功能。

三是强化政协界别意识。加大组织、统战部门与政协组织的民主协商力度，增强政协组织的话语权。增强政协组织界别意识，主席会议成员分别联系几个界别，经常分析界别工作情况，及时对界别活动作出部署和要求。引导政协委员增强界别意识，让委员认识到履职尽责不是个人行为，而是代表着一个群体、一个界别，及时反映本界别群众的意愿和诉求。

（二）健全组织领导工作机制

一是建立界别制度。建立健全《关于建立委员联系界别群众制度机制的意见》《政协委员界别分组活动意见》等规章制度，对界别工作总体要求、组织形式和界别活动组织实施、督导检查、考核评价等作出明确要求。

二是调整界别构成。应在全国政协设置界别的基本框架下，按照上下对口和因地制宜的原则，及时调整和设置委员界别，适时将一些交叉重叠、性质相近的界别进行合并，对一些专业性不是很强的界别进行拆分，尽量做到横向独立性强、纵向专业性强、内部联系性强。

三是优化委员结构。进一步优化委员构成比例，将一些新兴社会阶层代表人士吸收到政协组织中来。使界别组成既有专业领域的"精英"，又有基层一线的"草根"，使意见建议更接地气。

（三）健全发挥平台作用机制

一是加强专委会和界别委员的联系。探索试行专委会向界别委

员通报工作制度，让委员了解相关协商成果的办理落实情况。建立表彰奖励制度机制，激发委员的责任感和荣誉感。探索建设政协信息化平台，为界别委员发挥作用提供信息化保障。

二是加强与上下级政协专委会的联系。定期召开地方政协专委会工作例会，上下级政协专委会交流工作。探索建立邀请县（市）政协专委会负责人参加上一级政协协商议政活动制度机制，进一步扩大协商范围。

三是加强政协协商向基层延伸工作。强化基层协商平台建设，加强乡（镇）委员工作站工作力量，配备专职工作人员，夯实基层政协工作基础，更好发挥基层委员作用。

（四）健全服务界别工作机制

一是加强委员管理。严格落实委员、常委述职制度，及时补充完善委员履职档案，完善委员履职积分考核办法，探索把委员在政协工作中的履职成绩作为本人在本单位年终考核、职称评定、职务升迁的重要参考依据。

二是丰富活动载体。广泛吸纳界别委员参加协商议政活动，活跃政协界别工作、提高界别活动质量、增强界别活动实效。加强对界别提案、社情民意的征集工作，注重把社情民意等上升为政协建议案，列入督办重点和民主监督课题，动态跟踪督办，确保落地见效。

三是强化联动配合。建立与对口部门联动机制，在制定工作计划、规划和拟订出台重大措施时，向相关界别委员通报有关情况、听取意见。建立专委会走访联系对口部门制度机制，了解需帮助宣传推介的部门工作，向部门转达界别委员意见建议，形成相互支持、协商配合的工作合力。

第四节

破解"两个薄弱"问题
努力提高政协组织和政协干部履职能力

习近平总书记在中央政协工作会议暨庆祝中国人民政治协商会议成立70周年大会上指出:"重点解决市县政协基础工作薄弱、人员力量薄弱的问题"。兰州市市县两级政协以改革思维、创新理念、务实举措,着力破解"两个薄弱"问题,努力提高政协组织、政协干部、政协委员履职能力,为有效发挥政协专门协商机构作用创造了条件、夯实了基础。

一、当前市县政协"两个薄弱"问题的现状

兰州市政协共设30个界别,委员规模为352名、常委70名,现有委员343名,其中常委69名。市政协机关现有干部81人。市政协机关设办公室、研究室和8个专委会。兰州市8个县区政协委员规模数为1639名,现共有委员1573名,其中最多的为城关区政协,委员规模数为330名,现有委员314名,最少的为红古区政协,委员规模数为138名,现有委员134名。县区政协机关共有干部职工190名,其中最多的是七里河区政协有30人,最少的皋兰县、西固

区政协都是 17 人。各县区政协一般都有办公室、信息中心和 4 至 6 个专委会，多数都设立了委员工作机构。

二、当前市县政协"两个薄弱"存在的问题和原因

当前兰州市市、县政协"两个薄弱"问题集中表现在以下三个层面：

（一）在制度层面上，制度供给刚性落地缺乏细则规程

调查显示，"党委和政府分别有一位领导联系政协工作""政协主席列席党委常委会议制度"等 7 项综合性制度，"重大问题要在党委决策之前先交政协协商""合理确定政协机关编制"等 27 项专项制度，还没有完全落实到位。究其原因，一方面是缺乏具体实施细则，操作性、规范化、程序化有待提高；另一方面是外部保障制度不健全。

（二）在工作层面上，市县政协工作提质增效尚有空间

一是干部履职意识存在差距。政协干部自身对政协工作的重要性认识还不够到位，认为政协工作是软任务，一些干部"二线意识""退休过渡意识""怕添乱意识"始终没有得到完全解决，工作应付差事、推诿等现象仍然存在。

二是干部履职能力亟待提高。政协干部调查研究能力、综合协调能力、联系委员能力、总结提炼能力、公文报告写作能力都较弱，特别是报告和公文写作能力最弱，年轻干部表现尤为突出，写作人才青黄不接问题凸显。

三是履职成果有效转化不足。兰州市政协及各县区政协普遍开展了各种协商活动，协商活动注重是否有党政领导参加，协商成效

有时候停留在是否有党政主要领导批示上，对是否转化为决策思路、具体举措跟踪关注不够。

四是履职平台延伸后的规范管理、作用发挥不足。兰州市各县区政协着力推进政协协商向基层延伸工作，注重乡镇街道和企事业单位"委员工作站"及乡镇街道、村、社区"协商议事会"建设并开展了一些基层协商工作，但如何把建好的基层协商平台和互联网线上线下联动机制管好用好缺乏统一规范。

（三）在机构队伍上，力量配备存在结构性短板

一是政协组织机构逐步规范，但仍不健全。由于兰州市三县五区政协没有形成"委办"统一的架构，仍存在各专委会对口联系不对称、不平衡的问题，导致县区政协一个专委会对口市政协3至5个专委会，且各县区还存在差异。

二是人员力量不足。政协机关干部配备上，缺编制、缺人员的问题没能得到完全解决，干部结构老化的问题依然存在。兰州市政协设立了办公室、研究室和8个专委会，相比于县区政协，架构较为完善，但每个专委会只有一正一副两名主任、一名工作人员，没有专委会办公室，工作力量仍较为薄弱。

三是政协活动经费保障机制不健全。调研视察是市县政协履行职能的主要手段和最基本的方式，需要有经费作保障，但实际工作中，存在政协调研视察经费一方面缺乏，另一方面又没办法开支的问题。经费使用方面细节要求较为繁琐，一些形式上的做法消耗了大量的人力。

四是界别设置不够科学。界别的设置没有随着时代的发展而作相应调整，没有及时将新的社会阶层吸收进来，存在交叉重叠、界限模糊的问题。

三、破解市县政协"两个薄弱"问题的对策

市县政协是人民政协组织体系的基础层级和重要组成部分，充分利用市县政协工作的特点和独特优势，克服破解工作中存在的问题。

（一）加强党对政协工作的全面领导

加强党对政协工作的全面领导，增强"四个意识"、坚定"四个自信"、做到"两个维护"，政协要在党委的集中统一领导下协调一致地开展工作，使政协工作始终保持正确方向。要严格执行请示报告制度，政协党组经常向同级党委汇报工作，重要协商议题、重要监督事项，以及重要活动、重要工作都要请示党委同意、报请党委审定。

（二）把开展协商作为主要工作

专门协商机构是新时代人民政协的性质和工作的新定位。市县政协要积极发挥专门协商机构作用，工作重心要下移，面向基层，更精准地抓住民生领域重要问题资政建言，协助党和政府破解民生难题，做到人民政协为人民。

（三）推动政协协商与基层协商有效衔接

市县政协直接面对基层，委员也大多来自基层，对经济社会发展最敏感，离人民群众距离最近，倾听百姓呼声最直接，其协商活动和基层协商在协商主体、协商对象、协商内容、协商方式等方面

具有很多的融合点、交汇点，推进二者有效衔接，既具有客观的现实基础，又具有重要的实践意义。

（四）配齐配强市（州）、县（区）政协机构和委员队伍

一是配强委员队伍。特别是要注重提高专家型委员比例，组建好政协委员应用性专家智库，充分发挥专家智库作用，市（州）、县（区）可以将辖区单位专家、有工作关联的区域外专家吸纳到委员队伍中来，对个别工作所需的专家可以适度放宽年龄限制。

二是规范市（州）、县（区）政协机关机构设置和人员编制。建议省政协协调有关方面根据各市（州）、县（区）规模和人口数量，统一规范市（州）、县（区）政协专委会的数量和名称，专委会的数量和名称与上级政协尽量保持一致，以便更好开展政协工作；同时根据市（州）、县（区）人口数参照同级人大机构设置和人员编制的标准，统一设置市（州）、县（区）政协机关的人员编制数，更好开展政协工作。

三是增强市（州）、县（区）政协的服务保障力量。可探索成立事业单位性质的研究室、信息中心、委员履职服务中心等。省、市级层面研究出台关于政协活动和办公经费管理的指导性文件。协调编制部门，落实县（区）政协将股级建制事业单位调整变更为正科级建制，畅通事业干部晋升通道。

（五）加强政协干部队伍建设

一是加大干部培养力度。各级党委要把政协机关干部的培训、选拔、任用、交流纳入党政干部队伍建设的总体规划，优化机关干部的年龄结构和专业结构，逐步形成梯次和互补的合理结构，努力建设一支政治坚定、作风优良、学识丰富、业务熟练的高素质政协干部队伍。

二是加强干部的学习培训。加大多种形式相结合的培训力度，除了本级政协组织干部职工到党校开展专题培训之外，市县政协根据工作需要，分批次组织不同的专委会进行业务培训，通过专业的业务培训，不断提高政协干部职工的综合素质和业务水平。

三是加强党风廉政建设。要全面加强党风廉政建设，用严明的纪律和严格的监督使机关党员干部知敬畏、存戒惧、守底线，努力建设干干净净的政协机关和干干净净的干部队伍，引导机关干部以更加务实的作风，推动政协履职质量大提升。

四是加强政协系统干部交流。应建立市县政协干部挂职交流机制。例如，让市级政协干部到县区政协交流挂职，县区政协干部到市政协或其他县区政协学习历练，促进政协系统干部能力和水平的提升。

（六）构建具有基层特色的协商机制平台。

协商是新时代人民政协工作的重要一环。但由于市县政协与全国政协、省级政协在协商对象、协商内容等方面不尽相同，在协商机制和平台方面不能上下一个样、上下一般粗，需要根据市县实际搭建具有基层特色的协商平台。市县政协人手不多，主要任务就是搭好台，并调动各协商主体参加协商的积极性。在全体会议、常委会议、专题协商会议等传统协商平台基础上，鼓励市县政协因地制宜、充分利用新媒体和网络信息技术，从会场到现场，从线下到线上，从集中到分散，从综合到专题，打造有特色、便操作、实效好的协商平台，建设网络议政、远程协商开放平台，方便委员参与协商，激发委员的参与热情。

（七）充分发挥政协委员的主体作用

市县政协必须把加强委员队伍建设作为重要工作。

一是切实加强委员的履职能力培训，不断提升委员的整体素质。教育培训委员关心国家大事，多思考一些事关全局的问题，多出一些利民的点子，做到"脑勤"；引导委员敢于对上级政策落实情况和地方重要事务发表意见，提出各种实事求是的建议和批评，做到"嘴勤"；鼓励委员大胆提出有情况、有分析、有分量、有独特见解的社情民意、批评建议和提案，做到"手勤"；动员委员多搞调查研究，多接触一些群众，多交一些朋友，加强同各方面联系，做到"腿勤"。

二是完善委员履职激励机制。建立委员履职述评制度，定期作出委员履职评价，对履职好的委员充分肯定，给予表彰。落实好委员履职考核，对不认真履职的委员应依照政协章程制定出相应的管理办法。

三是搭建委员知情平台。政协要利用各种形式和方法，为委员履职搭建知情平台，形成长效机制，让委员知晓上情，熟悉内情，体察下情，了解外情。要定期通报经济建设、社会发展及重点工作情况，随时通报政协工作安排，强化政协机关与委员及其所在单位的联系沟通。

四是做好服务委员保障工作。要建立走访委员制度，认真听取委员的意见建议，帮助委员解决工作生活中的实际困难和问题，切实维护政协委员的权益，构建文明和谐的"委员之家"。要做好宣传工作，通过网络、报纸等媒体报道委员参政议政、反映社情民意、参与视察调研等工作。

（八）加强市县政协工作联动

加强市县政协之间的沟通联动，健全工作联系指导机制，形成履职尽责的工作合力，把市县政协资源力量串联整合起来，注重协同配合，共同参与专题调研工作。要以市带县，统筹实现县区政协全程参与市政协重点协商、调研视察等履职活动，形成常态化的联动履职机制。通过组织联动调研、协商，着力提升协商实效，积极服务地方改革发展大局。

第五节

建立健全省、市州、县市区三级政协组织协同联动助推全省经济社会高质量发展机制研究

建立健全省、市州、县市区三级政协组织协同联动助推全省经济社会高质量发展机制,既是中央要求及政协章程赋予的重要职责,也是提高地方政协工作整体水平的重要途径。

一、加强三级政协组织协同联动的实践发展

近年来,省政协坚持以习近平新时代中国特色社会主义思想为指引,着眼全省政协工作"一盘棋",加强对市州、县市区政协工作的指导,增进省市县三级政协组织的协同联动,为全省政协工作高质量发展探索了实践路径,积累了基本经验,奠定了良好基础。

（一）在着力强化思想政治引领上协同联动

坚决贯彻落实党中央关于人民政协工作的部署要求,实现党的组织对党员政协委员的全覆盖、党的工作对政协委员的全覆盖。

（二）在加强学习提升能力素质上协同联动

十三届省政协举办委员培训班时，对省市县三级政协委员和机关干部同步开展培训，切实提升了学习培训的实效。

（三）在为高质量发展建言资政上协同联动

围绕事关经济社会发展重大问题和群众切身利益的民生问题联合开展调研协商，助推省委省政府重要部署落地见效。

（四）在助力打赢脱贫攻坚战上协同联动

加强统筹协调和指导，全力抓好联系帮扶工作。省政协荣获"全国脱贫攻坚组织创新奖"，被党中央国务院授予"脱贫攻坚先进集体"。

（五）在推进协商民主向基层延伸上协同联动

协商议事会和协商议事室做到了全覆盖。开展远程协商、网络议政，民主协商更为灵活多样、更加深入基层。

（六）在凝聚共识和汇聚力量上协同联动

用文化的力量凝聚共识，举办"一带一路"文化论坛和文艺汇演、书画展等活动，汇聚起爱党、爱国、爱政协的强大共识。

（七）在推进智慧政协建设上协同联动

加快推进全省"智慧政协"建设，把培训和工作延伸到市县，实现委员掌上学习、云端履职。

（八）在加强自身建设上协同联动

把向上汇报和对下指导统筹起来，增进与全国政协、市州、县市区政协的联系，形成整体推进的工作合力。

二、工作中存在的短板和不足

一是省市县三级政协上下联系指导的平台载体搭建还不够多，工作开展还不够经常化、制度化。

二是省内市州之间、县市区之间横向联系交流较少。

三是省、市州、县市区政协之间上情下达和下情上传机制还需完善。

四是三级政协联动履职助力地方经济社会高质量发展还不够常态长效，履职合力需要进一步凝聚。

五是省市县三级政协机关干部上下挂职学习交流提升工作能力水平机制需要进一步完善。

三、建立健全三级政协组织协同联动助推全省经济社会高质量发展制度机制

新征程上，加强省市县三级政协组织之间的协同联动，是围绕中心大局，落实落细党对人民政协工作部署要求的必然要求；是聚焦主责主业，全面推动协商民主建设提质增效的重要方式；是助力解决市县政协"两个薄弱"问题，厚植协商民主基层基础的实际举措，对于深入学习贯彻习近平新时代中国特色社会主义思想和党的二十大精神，贯彻落实习近平总书记关于加强和改进人民政协工作的重要思想，推动地方政协工作高质量发展，并以此更好服务全省经济社会高质量发展具有重大而深远的意义。

(一)完善一个平台：即甘肃智慧政协网络平台(云平台)：

利用人工智能、大数据等，健全完善覆盖省、市州、县市区的"甘肃智慧政协"APP等网络平台，推动履职工作线上线下、网上网下同频共振，形成三级政协合力推、全省政协一张网的新局面。

(二)畅通两个渠道：即对上与对下两个渠道

畅通下情上传渠道和上情下达渠道，让建言资政的触角自上而下，延至社会最基层，让凝聚共识的作用自下而上，画出更大同心圆。

(三)健全完善八项机制：

一是健全省政协领导同志指导市州(县市区)政协工作机制。健全省政协领导同志到市州、县市区政协调研视察指导工作机制。健全省政协办公厅向市州政协转发全国政协及其办公厅有关文件、向市州政协转发省政协有关文件和市州政协有关文件抄报省政协办公厅机制。健全省政协办公厅、研究室、委员委和各专委会加强对市州、县市区政协对口部门联系指导机制。

二是健全三级政协纵向横向联系交流机制。健全省政协或各市州政协轮流作为承办主体(县市区政协由省政协或所在市州政协推荐，承办县市区政协层面联系会议)，定期或不定期举办联系(联席)会议和全省政协工作经验交流会、市州(县市区)政协主席座谈会等机制。健全定期不定期组织召开全省政协系统党的建设、提案办理、文史资料等工作会议或专题研讨班机制。健全市县政协探索总结工作经验做法通过省政协向全国政协、中共甘肃省委报告机制。

三是健全三级政协联动履职机制。健全省政协邀请市州、县市区政协负责同志、委员代表参加或列席省政协例会和协商会机制。

健全省政协重点调研协商监督活动三级联动机制以及上下协调、协商选题和监督反馈等机制。健全重大问题由省、市、县协同攻关机制，发挥住地全国政协委员、省政协委员和市县政协委员履职优势机制，共同拟定向全国政协的提案、建议，积极反映本地需要国家和省级层面支持解决的问题。健全市州、县市区政协组织委员参与省政协主题活动机制。

四是健全贯通三级政协的学习培训机制。健全省政协组织市州、县市区政协干部参加全国政协组织的学习培训机制和组团赴省外境外学习、考察、访问视情安排基层政协负责人参加机制。健全每届政协换届后举办省、市州、县市区贯通的学习培训班机制和省、市州、县市区联动开展委员读书活动及界别委员、对口部门机关干部跨层级联动读书活动机制。

五是健全省、市州、县市区政协机关干部上下挂职交流机制。有计划地安排省政协机关有培养潜力的优秀年轻干部到市州、县市区挂职，接受政治历练、思想淬炼、实践锻炼。同时，注重从市州、县市区选拔优秀干部到省政协机关挂职学习，推动全省政协系统干部能力水平大提升。

六是健全三级政协一体推进基层协商议事室建设机制。健全三级政协委员联合参与基层协商议事室工作机制，推动政协协商向基层延伸取得实效。健全界别群众"有困难能找、有诉求能说、有建议能提"工作机制，打造聚力百姓更近更为便捷的履职服务平台和更加顺畅的实现路径，聚合三级政协委员的力量，彰显委员责任与担当。

七是健全三级政协一体推进政协文史工作机制。立足甘肃文化文史资源禀赋和各市州、县市区特色，健全由省政协统筹规划，省、市州及县市区三级政协联合开展文史资料征编和主题性文化艺术交流展示活动机制，用文化的力量凝聚人心和共识，充分凸显甘肃在"一带一路"建设中的独特优势。

八是健全全省政协系统信息宣传工作机制。完善省政协《民主协商报》《甘肃政协》充分反映市州、县市区政协工作情况和动态机制。完善市州、县市区政协及时向省政协报送信息、简报、刊物机制，推动全省政协系统履职信息互联互通，促进经验互学、工作共推、汇聚合力。

后　记

开展地方政协工作高质量发展机制建设专项研究，是十三届甘肃省政协党组2023年初作出的一项具有现实针对性、探索创新性的部署。按照省政协领导的批示要求，课题组从今年2月份起，开始制定工作方案，细化研究大纲，组建研究队伍，经过组织筹备、考察调研、研究协商、成果汇总四个阶段，至11月，按期圆满完成了专项研究工作。

组织开展这样的专项研究，在全省政协事业发展史上是第一次。研究过程中，课题组紧扣"政协工作高质量"和"机制建设"两个重点，坚持问题导向，坚持抓主抓重，突出经常性工作提质增效、创新性工作富有特色，突出专项研究的最终目的在于实际应用这一目标，从党的领导、政治协商、民主监督、参政议政、凝聚共识、自身建设六个方面着手，采取统筹推进与分专题相结合的方法开展研究。

工作推进过程中，课题组坚持"五个注重"：一是注重学习掌握政策，二是注重多方协同联动，三是注重深入调查研究，四是注重及时跟进指导，五是注重严把质量关口，力求研究成果具有较高的理论创新性、实践指导性。尤其在统稿阶段，课题组成员集中20多天，逐字逐篇审改各分报告、子报告，认真起草总报告，经反复研究讨论，汇总形成整本研究成果。

省政协领导对专项研究十分重视、十分关心，多次听取进展情况汇报，及时提出指导意见，并对送审稿给予充分肯定，批示要广泛征求各方面意见建议，进一步修改完善。省政协机关各部门的同志对专项研究给予了大力支持，从不同角度提出了很好的修改意见和建议。最终的研究成果吸纳了各方面的真知灼见，是集体智慧的结晶。

我们深深感到，这次专项研究的过程本身就是一次凝聚共识、统一意志的过程，是一次学习理论、深化实践的过程，是一次开阔眼界和思维、提升素质和能力的过程。通过专项研究，进一步深化了对党的创新理论及人民政协理论、国情省情的认识和把握，深化了对新时代人民政协工作一般性规律的认识，进一步增强了履职的责任感使命感。

理论创新永无止境，实践发展也永无止境。面对地方政协工作高质量发展这一重大理论和实践课题，这个专项研究仅仅是初步性的，提出的对策措施还需要经过实践检验不断健全完善，一些实践路径还需要在理论层面进一步总结提升。整本文稿中也难免有错误、疏漏之处。在此，恳请大家批评指正，多提宝贵意见建议！

最后，我谨代表专项研究课题组，向各位领导同志的关心支持，向课题组所有同志的辛勤付出，向参与协同研究的各市州、县市区政协和给予大力支持的各位专家、各位学者、各界朋友表示衷心的感谢！

我们坚信，有习近平新时代中国特色社会主义思想的指路领航，有各级地方政协的共同努力，在新时代新征程上，甘肃人民政协事业一定会不断取得新进展新成效！

2023 年 12 月